# Être en train

La collection *Suspension*
est dirigée par Jérémie Peltier

Dans la même collection :

Eva Bester, *Une époque mélancolique*
Laurent-David Samama, *Éloge de la défaite*
Pierre Brémond, *Brèves de sport*
Nicolas Goarant, *Le sommeil malmené*
Alexandra Profizi, *Le temps de l'ironie*
Smaïn Laacher, *Ça me pèse*


www.editionsdelaube.com

ISBN 978-2-8159-4138-9

David Medioni

# Être en train

## Récits sur les rails

*éditions de l'aube*

*À Sandrine, Nathan & Rafaël,*
*qui me donnent de la force*

*À mes parents, qui m'ont mis sur les rails*

## Introduction

« Papa, papa, tu sais de quoi je rêve ? me demanda un matin, au petit déjeuner, Rafaël.

— Non, je ne sais pas.

— Mon rêve en ce moment, c'est de prendre le train.

— De prendre le train ? m'étonnai-je.

— Oui j'aimerais prendre le Poudlard Express comme dans *Harry Potter*[1]. J'aimerais être dans ce train parce qu'il est différent des TGV pour aller à Montpellier.

— Oh oui, ce serait trop bien de prendre un vieux train », a renchéri son grand frère Nathan.

La discussion a continué. Le train à voyager dans le temps de l'épisode 3 de *Retour vers le futur* ou celui de *La Grande*

---

1. Références des œuvres citées en fin d'ouvrage.

*Vadrouille* « où il y a un restaurant » furent évoqués. Et quand je leur ai parlé des trains-couchettes dans lesquels on peut dormir, les yeux de mes deux garçons pétillaient comme s'ils venaient de croiser Dumbledore (le directeur de l'école de sorcellerie dans *Harry Potter*) en personne.

Cette conversation avec mes enfants m'a surpris. J'ai senti la puissance de la fiction, évidemment. *Harry Potter forever*… Mais aussi et surtout la puissance de ce que l'évocation du train et de ses possibles pouvait susciter. Leur raconter le train comme un lieu de vie a créé un désir chez mes enfants.

Quelques jours plus tard, pour les besoins d'un reportage, j'ai pris un TGV. Naturellement, en repensant aux yeux de Nathan et de Rafaël, l'idée d'observer de manière plus précise mes congénères de voyage est venue. Elle ne m'a plus quittée.

En observant attentivement et en écoutant ce qui se passe dans une rame de train, qu'elle soit de TGV ou de train Intercités, on se plonge dans un moment de vie. Les tics et les habitudes des uns et des autres apparaissent de manière plus ou moins prononcée selon que le trajet est long ou cours. À force de multiplier les voyages en train, on remarque également que les personnes sont différentes, mais que les habitudes sont similaires. Pas de doute, nous sommes tous et toutes frères et sœurs humains.

Ce jour-là, donc, après la fameuse discussion avec Nathan et Rafaël, j'étais assis dans une voiture de TGV. Quasiment à la fin du trajet, j'ai ouvert mon ordinateur et je me suis mis frénétiquement à écrire sur ce que je venais de vivre. Réflexe de la modernité : en descendant du TGV, avant de partir en reportage, j'ai posté ce texte sur Facebook et Instagram :

> Instantané du train
> 4 avril 2019, Paris-Quimper, TGV
> Le voyage en train a ceci de particulier qu'il est un espace-temps réduit qui permet l'introspection, la créativité et la recherche du mieux. Les pensées vagabondent. Là un homme à l'air pressé qui s'agace sur son tableur Excel. Ici deux jeunes étudiants en transit. Ils n'arrêtent pas de se toucher, de se regarder, de se sourire, de se bécoter. Ils ont vingt ans de moins que moi. J'étais eux, des fois, en revenant de Bordeaux. Là, une vieille dame a une pile de journaux : le *Canard*, *Marie France*, elle lit et elle dort à intervalles réguliers. Un peu plus loin, une

femme seule, 45 ans environ. Elle pleure. J'ai toujours aimé ces instants en train. Instantanés de nos vies grandes et minuscules à la fois. Il paraît même que dans ce wagon, un journaliste en transit rêvait d'écrire un roman. #soleil #train #writing #write #sun #sky #clouds #rails

Le soir, une fois le reportage terminé, alors que j'arrivais à mon hôtel, j'ai regardé mon téléphone. Un raz de marée. Des *like* à tire larigot. Des commentaires élogieux: «Merci de cet instantané, c'est beau et vrai» ; «Il n'y a pas de j'adore sur Instagram, dommage» ; «Tu tiens un truc, continue. C'est génial!».

Quelques jours plus tard, nouveau voyage. Et nouvel instantané.

Dans le train ce matin, au bar. C'est le tout petit matin. À gauche, un cadre, costume propre, cravate slim grise, chaussures italiennes, il boit une orange pressée pour accompagner son café. À droite, une femme, seule. Elle lit le dernier Guillaume Musso. Au fond, trois collègues qui discutent de la réunion à venir dans la journée. Ils se plaignent d'un quatrième qui a fini la présentation PowerPoint la veille à 22 heures. « Tu te rends compte c'est un vrai procrastinateur ! Il met tout le monde dans la merde. » L'un d'entre eux temporise : « En même temps, je crois qu'il n'avait pas toutes les informations… » Juste derrière, un homme et une femme. Ils sont câlins. Elle lui dit : « Je ne pensais pas que nous arriverions à nous faire enfin ce moment tous les deux. » Il répond : « Je te l'avais promis. » « Dis-moi qu'il y en aura d'autres… » dit la femme. Il ne répond pas. Silence. Ils se tiennent la main. Dans le train, la vie, les vies s'écrivent. J'aime les observer.

Même réflexe de poster sur les réseaux sociaux ce moment, accompagné d'une photo. Même résultat. De très nombreux pouces levés, des commentaires. « Génial ! », « Tu as tellement bien décrit l'hypocrisie masculine. Cette femme qui espère et l'autre qui ne répond pas », « Je vais faire attention la prochaine fois que je prendrais le train à vérifier que tu ne sois pas dans les parages à écouter mes conversations ;) Super instantané en tout cas. On en veut encore. »

Des mots qui, comme les yeux de mes enfants, narraient en creux la relation passionnelle clandestine que nous entretenons avec le train. Passion clandestine, car il est souvent de bon ton de vilipender la SNCF, ses retards, ses trains mal organisés, et pourtant chacun et chacune d'entre nous vit avec le rail une histoire qui dit beaucoup de ce que nous sommes. Certainement que cela nous renvoie à l'enfance. À la magie du train électrique. C'est étonnant à quel point ce classique des jouets pour enfants est resté indémodable. Les enfants – et certains adultes – continuent à faire « tchou tchou » à quatre pattes dans leur chambre. Mais pourquoi le train ? Peut-être parce que la voiture – même comme symbole de la liberté de circulation – fatigue et stresse le conducteur. Peut-être parce que l'avion anesthésie le voyageur et uniformise le voyage avec ses aéroports semblables de Rio à Paris ou de New York à Bangkok. Plus rien dans le voyage en l'air ne se distingue, et le voyageur distrait pourrait atterrir ici ou là sans être capable de dire exactement dans quel aéroport il se trouve. Au fond, seul le train permet de réfléchir, de rêver, de divaguer tout autant que de travailler, de synthétiser ou de théoriser. Seul le train permet d'être soi-même. Sans fard.

Dans ce moment de suspension du temps dans un espace clos, soit les masques tombent pour laisser place à une forme d'authenticité, soit ils ne veulent pas disparaître. Au contraire. Ils demeurent et deviennent des caricatures qui, elles aussi, nous racontent. Tour à tour, tous les rôles du train nous ont échu un jour : homme pressé, voisin bruyant, dormeur invétéré, liseur passionné, famille avec enfants bruyants et/ou malades, couple bécoteur, ou encore travailleur acharné.

En observant, en acceptant la suspension que le train offre, en jouant et en ne faisant plus qu'un avec elle, l'œil s'aiguise, l'oreille se tend, et la mémoire imprime mieux encore. Les couleurs, les odeurs, les sons, les mots, les apparences, les lumières, les ombres, les détails, sont là. Présents. Signifiants. Observer mes frères humains dans tous les trains que j'ai empruntés durant un an me permet de brosser un portrait éminemment subjectif, mais profondément honnête et authentique sur ce que nous sommes tous et toutes aujourd'hui. Pompeux ? Non, réaliste. Dans les trains, la France – bigarrée, différente, agaçante, joyeuse, enivrante, folle, calme – circule. Mieux, elle vit. Elle respire. Elle écrit des histoires individuelles qui sont des histoires collectives parfois, des histoires universelles toujours. Ces instantanés, ces histoires de trains, ce sont nos victoires, nos défaites, nos doutes, nos certitudes, nos envies, nos renoncements. Ce sont nos vies.

Des vies tellement réelles que ce lieu de confinement (non, il ne sera pas question du Covid-19, rassurez-vous) a inspiré les écrivains. Dans toutes les époques. Dans tous les genres. C'est ainsi, par exemple, que Marcel Proust vénérait le train. Et qu'il écrivait dans *À la recherche du temps perdu*, et plus précisément dans *Du côté de chez Swann*, un éloge de ce que le voyage par le rail faisait naître chez lui.

> J'aurais voulu prendre dès le lendemain le beau train généreux d'une heure vingt-deux dont je ne pouvais jamais sans que mon cœur palpitât lire, dans les réclames des Compagnies de chemin de fer, dans les annonces de voyages circulaires, l'heure de départ : elle me semblait inciser à un point précis de l'après-midi une savoureuse entaille, une marque

mystérieuse à partir de laquelle les heures déviées conduisaient bien encore au soir, au matin du lendemain, mais qu'on verrait, au lieu de Paris, dans l'une de ces villes par où le train passe et entre lesquelles il nous permettait de choisir ; car il s'arrêtait à Bayeux, à Coutances, à Vitré, à Questembert, à Pontorson, à Balbec, à Lannion, à Lamballe, à Bénodet, à Pont-Aven, à Quimperlé, et s'avançait magnifiquement surchargé de noms qu'il m'offrait et entre lesquels je ne savais lequel j'aurais préféré, par impossibilité d'en sacrifier aucun.

En quelques lignes, Proust dit à quel point ce mode de transport emporte avec lui notre imaginaire. Il raconte comment l'heure de départ du train signera les possibles contenus dans un voyage. Dans ce laps de temps plus ou moins long, tout devient possible. On peut, tel le héros de *La Modification*, de Michel Butor, décider durant un Paris-Rome de quitter sa femme pour sa maîtresse ou de rester avec sa femme.

Ce voyage devrait être une libération, un rajeunissement, un grand nettoyage de votre corps et de votre tête ;

> ne devriez-vous pas en ressentir déjà les bienfaits et l'exaltation? Mais n'est-ce pas justement pour parer à ce risque dont vous n'aviez que trop conscience que vous avez entrepris cette aventure, n'est-ce pas vers la guérison de toutes ces premières craquelures avant-coureuses du vieillissement que vous achemine cette machine vers Rome où vous attendent quel repos et quelle réparation?

interpelle ainsi Butor en mettant le lecteur à la place de son narrateur. Dans le train.

> Vous recommencez à jouer à ce jeu qui vous est familier, donner un nom à chacun de vos compagnons de voyage [...]. Quant au jeune couple, non, pas d'allusions littéraires, simplement Pierre et, voyons, Cécile est exclue, mais Agnès conviendrait très bien [...]

prend-il encore à témoin, en nous rendant complices de ce jeu que nous avons tous et toutes pratiqué, évidemment.

Ce lieu confiné duquel il est impossible de sortir durant un temps donné est une source d'inspiration inégalable pour les plus folles des intrigues policières. La plus célèbre d'entre elles est celle d'Agatha Christie : *Le Crime de l'Orient-Express*. Hercule Poirot, le héros, prend par hasard ce train de luxe et se retrouve confronté à un crime diabolique. Compartiments, wagons-restaurants, cabinets de toilette, arrêts dans des gares interlopes, première et seconde classe, beauté des banquettes en velours et en cuir, les descriptions qu'Agatha Christie dresse du fameux Orient-Express font partie de notre imaginaire. De même, l'ambiance feutrée et tranquille, en apparence, du roman donne d'emblée, dès les premières pages, quand Hercule Poirot refuse une affaire, une sensation de bien-être et de suspension du temps. Poirot dit d'ailleurs : « J'ai des choses à faire avant d'arriver à Londres et j'ai bien l'intention de profiter du temps de ce voyage pour les accomplir entièrement. » En y installant l'action de l'un de ses livres les plus réputés, Agatha Christie sublime un peu plus le côté mythique de ce train. Mieux encore, en décidant d'y faire se perpétrer un meurtre, Christie se joue justement de la beauté intrigante du voyage ferroviaire. Dans un voyage en chemin de fer, nous vivons un instant hors du temps, auquel s'ajoute le mystère. Qui sont celles et ceux qui voyagent avec nous ? Quels sont leurs secrets ? De mythique, l'Orient-Express devient mystérieux. Mythique et mystérieux. Deux adjectifs qui finalement lui conviennent parfaitement. Comme à tous les autres trains.

Lieu de tous les possibles, donc. On peut, à l'instar d'Emmanuel Carrère à l'occasion d'une commande du *Monde*, en faire le décor d'une nouvelle érotique destinée à sa femme. À l'été 2002, *Le Monde* avait demandé à des écrivains des nouvelles inédites ayant pour thème le voyage. Carrère a joué le jeu et a créé une histoire sensuelle et coquine pour sa compagne, Sophie. La nouvelle se passe justement dans le train. La compagne de Carrère devait, le jour de la parution, le 20 juillet 2002, emprunter le Paris-La Rochelle de 14 h 45. C'est à partir de cet élément ferroviaire que tout se noue. Carrère s'amuse à l'imaginer, assise dans le train, lisant *Le Monde*. Les mots joueurs et sensuels qui lui sont adressés, à elle en particulier, mais aussi à toutes les femmes qui font le même geste, dans le même train ou dans un autre, au même moment, prennent encore plus de force.

> Au kiosque de la gare, avant de monter dans le train, tu as acheté *Le Monde* [...]. Tu as pris ta place, regardé les gens s'installer, il y a probablement pas mal de monde. Quelqu'un doit être assis à côté de toi : homme ou femme, jeune ou vieux, agréable ou non, je n'en sais rien. Tu as attendu que le train démarre pour ouvrir le journal, comme on fait quand on a du temps devant soi. Murs tagués le long de la voie ferrée, trouée vers le sud, sortie de Paris

amorce ainsi Carrère. Quelques paragraphes plus loin, usant toujours de l'exquise exiguïté ferroviaire, Carrère interpelle Sophie, rythmant les songes érotiques avec les étapes du voyage en train :

> Tu ne crois pas que le moment est venu d'aller au bar ? Alors prends ce cahier d'été du journal, roule-le dans ton sac, lève-toi et commence la traversée du train. Je t'attends là-bas. Ne ressors le cahier que quand tu y seras.

Construite ainsi, la nouvelle insiste sur l'imaginaire que le train crée chez chacun et chacune d'entre nous. Sur notre capacité à imaginer des vies aux autres voyageurs. Et à se retrouver face à soi-même.

Si le train invite à la divagation, à l'introspection et à la méditation, il est évidemment un lieu de rencontre. Rencontre fortuite. Rencontre provoquée. Rencontre imaginée. Ou rencontre problématique. Comme celle que fait le héros du magnifique roman de Jean-Philippe Blondel, *06h41*, qui croise, en prenant le train pour aller au travail, son amour de jeunesse. Celle qu'il n'a finalement pas choisie. Deux monologues intérieurs, chez elle et chez lui, s'installent alors. Et l'éventualité de cette discussion qui arrivera, ou pas.

> J'aime entendre le bruit des portes qui claquent. Il annonce l'ouverture d'une parenthèse égoïste et jouissive. Pendant les deux heures à venir, rien ne peut vraiment vous arriver. Tout est pris en charge. […] Les trajets en train sont les rares moments où je baisse la garde. Alors que dans le métro ou le RER, non. Je suis tout le temps sur le qui-vive. […]. Je suis tendu. C'est de la sentir à côté de moi. En fait, je devrais changer de place. Faire semblant de descendre à la prochaine gare.

Dans cette possibilité réelle ou imaginative de la rencontre ferroviaire, il y a les moments où l'on se dispute l'accoudoir, où l'on se touche les pieds. Inadvertance ou volonté ? Hasard, le plus souvent.

> Elle m'a frôlé. Rien que ça, le frôlement, ça fait surgir des impressions, des couleurs, du vert sombre, du bleu foncé, un sous-bois. Je retrouve la peau de mes vingt ans.

Et Blondel d'enfoncer encore le clou :

> J'aime bien les trains. Les heures passées à ne rien faire de particulier. [...] Comme si ma mue m'attendait [...]. Comme si elle veillait et qu'elle attendait que je baisse la garde, pour attaquer encore.

Ce qui arrive au héros de Blondel, nous l'avons tous imaginé, un jour, lors d'un voyage en train. Magie du rail que de nous rendre attentifs à ce moment à nous qui résonne différemment pour chacun et chacune et qui, surtout, résonne avec ce que la vie met sur nos rails au moment précis du voyage. C'est d'ailleurs dans ce balancement entre la réalité de ce que nous vivons et ce que le voyage nous permet d'imaginer voire de vivre que se situe la littérature, qui, souvent, dit une part du réel.

Car, oui, le train, c'est aussi le réel. Observer les passagers dans un TGV ou dans un TER de banlieue ou de province, c'est observer les différences. C'est mieux appréhender les disparités. Tendre l'oreille en ces lieux si divers, c'est percevoir ce que les communicants appellent les signaux faibles.

Ici, lors d'un Paris-Orléans en TER un samedi soir de novembre 2019, c'est se rendre compte que des femmes de tous les âges, mais surtout des jeunes, ont choisi de prendre le train un samedi matin pour aller manifester lors de la grande marche des femmes « Nous toutes », à Paris. Entendre leurs conversations, c'est comprendre à quel point cette question de l'égalité réelle entre hommes et femmes sera centrale – encore plus que nous l'imaginons – dans les années à venir.

Là, c'est percevoir un moment de bascule, lorsque, après avoir entendu dans plusieurs voyages successifs du bien – plutôt dans les TER régionaux que dans la 1re classe du TGV, convenons-en, mais quand même – du mouvement des Gilets jaunes, on sent poindre une exaspération face à la répétition des samedis de manifestations et d'affrontements dans toutes les grandes villes.

Ailleurs, c'est prendre conscience des changements de codes vestimentaires. Même en première dans le Thalys ou dans le TGV, le costume n'est plus toujours de mise. Il n'est, en tout cas, plus majoritaire. Pas étonnant que les ventes nationales et mondiales aient chuté considérablement dans les deux dernières années[1].

C'est aussi constater que le XV de France de rugby a retrouvé en 2020 un semblant de popularité au vu du nombre de passagers rivés les uns avec les autres sur des écrans de fortune pour regarder le match du Tournoi des Six Nations face au Pays de Galles, un dimanche après-midi de février.

Voyager en train, prêter attention aux gens et aux paysages, c'est occuper un poste d'observation parfait sur les qualités humaines, les travers des êtres, les moments marquants d'une société. Pas étonnant que le président de la République ait – très maladroitement – tenté de l'exprimer dans son désormais funeste et célèbre : « Une gare, c'est un lieu où l'on croise les gens qui réussissent

1. Voir l'article de Vincent Mongaillard.

et les gens qui ne sont rien. » Emmanuel Macron essayait là de dire, sans toutefois avoir adopté le mode poétique qui convient à la magie des lieux, à quel point la gare – comme le stade, d'ailleurs – est un endroit de rassemblement collectif où n'importent pas les étiquettes. Disons-le à sa place, alors : le train, les gares, les passagers, sont la France. La France en train. La France avec ses tics, ses habitudes, et ses histoires d'amour. La France avec ses « Vies de trains », aussi.

Un morceau de notre pays que l'on observe le temps du voyage – qui, comme chacun sait, démarre à l'instant où l'on se met en marche vers la gare. Voire peut-être dès l'instant où l'on commence à remplir sa valise. L'excitation monte alors. Que ce soit pour aller retrouver une amoureuse, se rendre à une fête de famille à laquelle on n'a pas envie de participer ou à un rendez-vous professionnel important, le stress ou le trac démarrent au moment de faire la valise. Ils s'intensifient, pour certains, durant le trajet vers la gare, avant le départ. La peur de rater le train. De ne pas avoir le temps de flâner. Ils s'arrêtent au moment où, installé dans la voiture, à la place adéquate, on se relâche avant de profiter du voyage. De faire des rencontres, de travailler, de méditer, de lire, de discuter, ou simplement de dormir.

Au cours des cinquante-deux voyages effectués (31 TGV, 2 Thalys, 17 TER ou Intercités, 2 trains de nuit) avec le pétillement des yeux de mes enfants en tête, tout cela a pris sa place. Simplement. Ce fut une suspension permanente des soucis pour l'observateur. Ce fut – évidemment – une suspension pour tous ces passagers et passagères qui, le temps d'un voyage, ont attiré l'attention de celui qui cherchait à les voir, les écouter, les comprendre parfois, les imaginer et les raconter toujours. Cela plutôt que – comme dans le flot continu de notre vie – de les regarder, les entendre, les juger et les railler. Tous les voyages ne seront évidemment pas ici narrés. En revanche, ils seront tous plus ou moins présents.

Les récits présentés ont capté trois types de moments. De ceux que nous vivons tous et toutes dans le train. Les premiers genres d'histoires sont des croquis de nos tics de train : la recherche de la place, le passage au bar, la cigarette qu'il faut aller fumer au prochain arrêt, etc. Les deuxièmes sont des rencontres réelles ou imaginaires, amoureuses ou non. Des couples qui s'aiment. Des couples qui s'ignorent, ou qui s'affrontent. Ce sont les fameux transports amoureux. Les troisièmes, les « vies de train », sont une forme hybride entre le récit du tic de train classique et basique et le transport amoureux.

Au-delà du type de récit, le trajet, le type de train et la place seront indiquée à chaque chronique. Pour vous transporter avec moi dans ces instants tant aimés.

Dans les pages qui suivent, des femmes, des hommes, des jeunes, des vieux, des fanfarons, des timides, des enfants, des stressés, des sans-gêne, des perdus, des riches, des pauvres, des paumés, des *insiders*, des gens, en somme, ont rendez-vous avec vous. Ils et elles sont toi, moi, vous, nous. En voiture !

## Le rail du matin
*Vie de train*

21 MAI 2019, PARIS-MONTPELLIER, TGV, VOITURE 18, PLACE 54

Prendre un train matinal est une aventure. Elle commence la veille. Au moment de préparer ses vêtements, son sac ou sa valise, et de régler le réveil à 5 h 20. Et par prudence en mettre deux. Elle se poursuit dans la nuit. Pour certains, la peur de ne pas se réveiller est présente. Voire omniprésente. Plusieurs fois, durant la courte nuit, ils jetteront un œil à leur radio-réveil ou à leur portable pour vérifier qu'ils ont encore le droit de dormir. L'heure fatidique arrivera. Ils se réveilleront d'un coup. Pour ne pas sombrer à nouveau dans le sommeil. Ils seront vite prêts. Avaleront rapidement un café. Laisseront éventuellement un mot à l'aimé(e) et aux enfants, et s'en iront. La suite de l'aventure les attend. Le taxi commandé sera-t-il là ? Le scooter démarrera-t-il ?

Autant d'inquiétudes qui font du train matinal un train pas comme les autres. D'ailleurs, cette différence d'avec les autres trains est perceptible dès l'entrée dans la gare. Impossible, ou du moins très difficile, d'acheter un journal. Les magasins de presse, souvent, ouvrent à peine et tous les titres sont encore dans les caisses en métal. Pas comme les autres, non plus, les déambulations dans cette gare qui s'anime doucement. Le piano libre accès n'est pas pris d'assaut. Heureux voyageurs matinaux.

Pas comme les autres, encore, l'ambiance dans les voitures du train. Le TGV du matin est une sorte de lit mobile. Le roulis berce les voyageurs. Quand il y en a. Le TGV du matin est fait pour les initiés. La catégorie la plus nombreuse est celle des places vides. Puis vient celle des voyageurs. Ces derniers se divisent en deux catégories.

Dans l'une, les courageux inconscients qui dès 6 h 20 ouvrent leurs ordinateurs et se plongent dans les colonnes AE de leurs tableurs Excel, écrivent des e-mails, sortent des dossiers à lire et raturent des documents. Peu importe, pour eux, l'heure. Peu importe le lever de soleil qui s'ébroue dans la campagne. Ces instants de calme sont des moments cruciaux pour terminer une présentation, finaliser une stratégie, imaginer comment conquérir un client et améliorer sa place au boulot. Très éveillés, ces travailleurs matinaux croient à l'adage « L'avenir appartient à ceux qui se lèvent tôt ». La journée est là, frétillante. Aucune minute ne doit être perdue. Le cliquetis des touches de leurs claviers se mêle au roulis du TGV, formant ainsi une douce musique matinale, connue des seuls initiés de ce train de six heures du matin.

L'autre catégorie de voyageurs est celle des feignants ou des gens normaux. C'est selon. Ces derniers se sont couverts de leur manteau ou de leur veste, et ils profitent de l'agréable bercement pour finir une nuit écourtée et bouleversée par la peur de ne pas se lever.

Là, un homme en costume dort d'un sommeil profond. Son front est plissé. Comme si le rêve lui donnait du fil à retordre. Un peu plus loin, une femme. Apprêtée pour aller travailler. Escarpins et jupe. Elle a essayé de travailler.

Son ordinateur en témoigne. Elle a essayé de lire. *Le Choix de Sophie*, de Styron. En vain. Morphée est plus fort.

Un dernier voyageur semble s'être perdu dans ce train. Quarante-cinq ans environ. Jean, baskets, une chemise blanche, un blouson de cuir léger, il apparaît comme un intrus. Ni travailleur acharné en costard, ni dormeur avant d'arriver au rendez-vous de boulot. Vacancier? Rentier? Vagabond? Il lit *Libération*. Il a l'air zen de l'homme qui, profitant du petit matin, ouvre son journal et se plonge dans la lecture avec la délectation de celui qui aime prendre son temps. Sur sa tablette, sont aussi posés *L'Équipe* et *Le Canard enchaîné*. Dans la poche de son blouson, un livre. Son titre: *L'Art difficile de ne presque rien faire*, de Denis Grozdanovitch. Au départ, on croit rêver, on se demande si l'on a bien lu. Si le TGV matinal ne nous joue pas un tour. On se souvient alors avoir lu ce livre. S'être même demandé comment mettre en application ce que préconise Grozdanovitch. Peut-on vraiment cultiver ces petits bonheurs de l'existence? Le TGV file à trois cents kilomètre à l'heure. Les travailleurs travaillent frénétiquement, les dormeurs dorment profondément, et le voyageur perdu ne fait « presque rien ». On se met alors à rechercher dans les notes du téléphone ces phrases glanées dans le fameux livre. La première d'entre elles : « Et si le temps gagné par l'entremise de la vitesse était inutilisable pour le bonheur ? » Sourire. Le TGV matinal est décidément une aventure !

## Attention au départ…
*Tics de train*

13 juin 2019, Paris-Bordeaux, TGV, seconde classe

14 h 30. Le train part dans cinq minutes. Les voyageurs qui montent à cet instant sont un poil stressés. Ils ont un peu couru. Ils ont eu peur de rater le train. Ils sont essoufflés.

14 h 34. Les portes sonnent. Une femme parvient à monter. Elle est en nage. Cela contraste avec son aspect général. Propre sur elle. Tailleur gris clair type Zapa et bijoux de marque. Elle porte des escarpins noirs… La course effrénée a dû être escarpée.

Elle a eu le train. Dans l'essoufflement se lit aussi le soulagement. À peine est-elle assise que son portable sonne. Visiblement, c'est son assistante qui l'appelle.

« Oui je l'ai eu, merci Delphine. Je reviens demain soir et je repars samedi matin à Prague pour négocier le contrat. Oui. Calez la réunion d'équipe mardi à huit heures. Parfait. »

Deux minutes plus tard, un autre appel. Son mec.

« Oui je suis dans le train. Non je ne pourrais pas gérer. Débrouille-toi pour une fois. »

Elle raccroche. *Working girl. Working mum.* Elle s'affaisse dans son fauteuil. Elle hésite à sortir son ordinateur. Elle le regarde. Comme pour jauger si elle a vraiment envie de travailler, encore. Il le faudrait. Mais elle ressent une flemme. Réelle. Et si elle s'accordait ce voyage en train pour dormir, pour lire son magazine *Simple Things* qui invite à cultiver l'essentiel ? Sur son visage se lit de l'hésitation. Elle est encore essoufflée, une légère goutte de sueur coule sur sa tempe. Elle souffle. S'affaisse un peu plus dans le siège de seconde classe. Ce voyage s'est décidé à la hâte. La première était déjà complète. Elle retire délicatement ses escarpins. Elle a mal aux pieds et se les masse doucement. Ce départ mouvementé l'a épuisée. Encore une fois, elle a dû courir. À chaque fois qu'elle doit prendre le train ou l'avion, elle court. D'ailleurs, c'est cela, sa vie. Une course effrénée. Aujourd'hui à Bordeaux, ce week-end à Prague. Pour le boulot. Toujours. Une course dans laquelle l'équilibre est instable entre les responsabilités professionnelles, la charge mentale familiale qui lui échoit, la peur de ne pas être assez présente pour ses enfants, l'envie d'une autre vie, et pourtant le besoin viscéral d'être cette femme active. Elle s'affaisse encore un peu. Et ferme les yeux. La suspension offerte par le TGV a gagné.

Le silence du voyage se met peu à peu en place. Chacun a rangé ses petites affaires et chacun a terminé son coup de fil, les unes s'assoupissent tandis que d'autres sont plongés dans du boulot; les derniers sont contemplatifs. En fait, voyager en train, même dans nos TGV ultrarapides, c'est s'accorder un temps de pause. Un temps dans un espace confiné qui, en se laissant porter par le roulis, invite à une forme de méditation. D'assez nombreux voyageurs ont sorti des journaux. Le train est l'un des derniers endroits où on lit la presse papier. Où l'on entend le bruit du papier journal, où l'on perçoit son odeur. « La lecture du journal est la prière de l'homme moderne », disait le philosophe

Hegel[1]. Dans cette rame de TGV, les prières sont variées. Elles parlent de nous. Lire *Les Échos* est-il un moyen de faire comme si on travaillait ? Les lecteurs des *Échos*, en tout cas, sont des hommes. Ils sont tous en costume. D'autres lisent *Libération* et *Le Figaro*. Étrangement, ils se ressemblent. L'une avec *Le Figaro* est une femme d'une trentaine d'années. Elle est accaparée par sa lecture. Longtemps. L'autre est également une lectrice. Elle est en face dans le carré de quatre places. Elle est plongée dans *Libération*. Plus loin, un homme d'une cinquantaine d'années, veste en velours, lunettes sur le bout du nez, certainement professeur de faculté, est, lui, en pleine lecture du *1*. Les journaux quc nous lisons parlent de nous. De ce que nous sommes. La lectrice du *Figaro* a un sac Louis Vuitton. Celle de *Libération*, un *tote bag* en toile. La vie, parfois, est un cliché.

Parmi ces lecteurs assidus, l'un d'entre eux attire mon attention. Un homme, quarante-sept ans, cadre, lunettes et cheveux qui commencent à tirer sur le gris. Un angoissé. Tout à l'heure, le speaker a annoncé que les bagages cabines devaient

1. Voir Hegel, *Notes et Fragments*, fragment 32.

être situés sous les sièges passagers. Il s'est levé en quatrième vitesse pour aller récupérer son sac à dos d'informaticien et le mettre sous son fauteuil. Maintenant, un peu plus apaisé, il lit *Le Monde*. Lire *Le Monde*. Un geste citoyen. Un marqueur. Lire *Le Monde*… Je vois qu'il y prend du plaisir. Je le comprends. Lire ce quotidien est une façon d'afficher son amour de l'actualité. Il adore ça. Il revient sur certains articles, parcourt consciencieusement toutes les pages. Les lecteurs du *Monde* ont toujours cet air – plus ou moins prononcé – d'élèves studieux.

Et les autres voyageurs ? Tous ne dorment pas. Tous ne lisent pas. Tous ne travaillent pas.

Deux d'entre eux attirent le regard. Une femme, d'abord. Elle est rescapée du travail. Elle lit. *Comprendre son chat*. Elle est captivée. L'autre est un homme, la soixantaine, teint halé, cheveux dégarnis et grisonnants. Il y a quelques instants, il a eu sa femme au téléphone. Il lui disait être heureux de la retrouver. Avant cet appel, il lisait *Midi olympique*. Depuis, il dragouille gentiment sa voisine. Et lorsque je regarde doucement par-dessus son épaule tandis qu'il joue avec son téléphone, je vois que WhatsApp est ouvert. Il discute avec Aurélie. Celle-ci n'a pas froid aux yeux. Elle lui envoie des photos très suggestives d'elle. L'homme sourit. Les lecteurs de *Midi olympique* sont-ils plus dragueurs que ceux du *Monde* ?

## Le silence règne dans toutes les voitures
*Vie de train*

16 JUILLET 2019, PARIS-LILLE, TGV, PREMIÈRE CLASSE, VOITURE 2, PLACE 18, SOLO

« Un homme est plus un homme par les choses qu'il tait que par celles qu'il dit. » Ce matin-là, dans le TGV, en première classe, cette maxime de Camus m'est venue à l'esprit. Dans la première classe du TGV, la règle absolue, c'est le silence. Ne rien dire. Chuchoter. Ne pas faire trop de bruit en tapant sur son clavier. Ne pas tourner de manière trop vibrionnante les pages du *Figaro,* seul journal présent sur les passagers d'une voiture entière. Ils sont cinq à le lire. Tous des hommes. Costume cravate. Un poil grisonnants.

Non loin de là. Un homme, quarante-cinq ans environ. Différent. Jean, T-shirt et mocassins Tod's aux pieds, une montre Patek Philippe au poignet. Look d'entrepreneur de *start-up*. Avant le départ, sur le quai, il racontait d'ailleurs au téléphone la vente de l'une des sociétés qu'il a fondées. Sur sa tablette : deux téléphones, deux ordis, et *Wired*, le mensuel américain dédié aux mutations technologiques. Si la *start-up nation* avait un visage, peut-être ressemblerait-il au sien : serein et insubmersible, gonflé d'une confiance inébranlable dans les possibles offerts par la vie.

Mon regard, quelques instants auparavant, s'était arrêté sur ce hipster, à peine trente ans, barbe bien taillée, jean, baskets, T-shirt à message et tatouage ésotérique sur le bras droit. Pour lui, ce qui compte, c'est la façon dont on s'installe dans le wagon et à sa place. Il a pris le temps. Il a d'abord retiré son blouson zippé en cuir, l'a bien plié avant de le coucher dans l'emplacement réservé au-dessus de lui. Problème : il avait oublié d'en sortir ses mouchoirs, et ses AirPods. Il se relève donc. En profite pour ouvrir son sac à dos Herschel une seconde fois. Il en sort des hebdomadaires, un Macbook Air dernière génération, et des livres. Pas un, pas deux, pas trois, mais cinq livres. Cinq livres dans un Paris-Lille, record battu ! Il a également sorti un carnet de notes, un stylo Faber-Castell en bois, et il a tout bien disposé sur sa tablette. Alors qu'il semble désormais s'installer tranquillement, un grain de sable vient encore le perturber. Il se penche à nouveau pour récupérer son sac, le poser sur ses genoux et en sortir un baume pour les lèvres, un iPad, et sa gourde d'eau *made in France*. Tout est maintenant bien agencé devant lui. L'installation dans le train, c'est sacré. Son voyage peut enfin commencer.

À quelques fauteuils de là, un autre homme. La cinquantaine dépassée. Tiré à quatre épingles. Costume gris anthracite, cravate noire, chemise blanche. Richelieus Weston noirs aux pieds. Rasé de près. On sent presque l'après-rasage sur sa peau. Au moment du départ, il a plié délicatement sa veste. Il l'a posée au-dessus de lui. À intervalles réguliers il y jette un œil, comme s'il voulait vérifier qu'elle n'avait pas pris de faux plis. Cet homme encore assez jeune semble venu d'une autre époque. Il donne l'impression d'être un personnage de la série télé *Mad Men* qui raconte l'essor de la publicité dans les années 1950-1960. Une forme d'anachronisme assumé. Cultivé, même. Il entretient aussi un amour du classement. Il trie, il range, il surligne avant de retrier des tas de documents. Peut-être a-t-il choisi la première justement parce que les tablettes sont plus grandes qu'en seconde et qu'elles lui permettent de bien étaler ses dossiers ? Il en a des rouges, des jaunes, des bleus, des verts, des gris et des roses. Il est ordonné et appliqué. Chaque papier trié prend place dans un dossier de couleur. Les gestes sont souples. Silencieux. Chaque chose à sa place. Il ne dit rien. S'agace parfois, mais en silence.

Dans le silence si profond, mon regard se pose à présent sur une femme. Trente ans environ. Un air de Marie-Jo Pérec. Apprêtée. Tailleur gris clair, escarpins jaunes. Avant le départ, une bribe de conversation : « Oui oui, je vais faire en sorte de gagner ce contrat… Je sais que c'est très important… Je vous tiens au courant en sortant… » Sur sa tablette, un ordinateur. Sa présentation PowerPoint. Sur son visage, une crispation au coin de l'œil gauche. Durant tout le trajet, elle travaille. Elle ne se laisse pas distraire. Elle alterne la prise de notes dans un petit cahier Moleskine rouge avec la mise en beauté de sa présentation. Quand la porte de la voiture deux s'ouvre, elle lève un œil. Comme pour vérifier qu'elle ne sera pas dérangée. De temps à autre, elle regarde sa montre, pour ensuite se replonger dans le travail. Alors que je l'observe, elle me remarque. M'ignore. De tous les passagers présents, elle est la seule qui n'a pas vraiment jeté un œil à celles et à ceux qui l'entourent. Trop accaparée. Ou alors, il s'agit d'un autre mal : sa jambe bat la chamade. Sans changement de rythme. Comme le métronome du voyage silencieux. Et du stress, omniprésent dans ce mouvement.

« Plus par ce qu'il tait que par ce qu'il dit. » La première classe du TGV est la quintessence du silence. La quintessence du train comme moment de méditation, de ressourcement, de concentration et de plongée en soi-même. Au fond, il faudrait prendre le train au moins une fois par semaine. Pour notre bien-être. Comme une séance de yoga. La première classe du TGV est un miroir de ce que nous sommes. Sans parler, en observant, on apprend des choses sur ceux qui partagent avec nous ce moment. À moins que nous les imaginions ? Peu importe. Dans cette voiture de première classe, l'imaginaire et le réel sont les deux lieux de la vie.

## Mes chers voisins

*Vie de train*

### 6 septembre 2019, Paris-Montpellier, TGV, 10 h 07

Vendredi matin, Gare de Lyon. Avant de rejoindre la rame, mes peut-être futurs voisins de TGV ont tous leurs petits rituels.

Ici, le groupe des stressés. Ils font le pied de grue devant le panneau d'affichage pour ne pas rater l'instant fatidique qui verra s'afficher sur l'écran le numéro de la voie de leur train. Au moment où celui-ci apparaît, une grappe d'individus se met en marche. Instantanément. Comme si l'apparition magique du numéro de voie donnait le top départ du voyage. Le top départ d'un sport qui pourrait, un jour, devenir sport olympique si le Comité international olympique y consent. Les futurs voisins courent vers le train. Leur but ? Être les premiers pour pouvoir profiter des compartiments bagages. La rythmique de leurs gestes est toujours la même : regarder le tableau d'affichage, se préparer, et ensuite, dès la voie affichée, enclencher le mouvement dans une sorte de chorégraphie bien huilée.

Non plus en groupe compact mais vaguant seuls, voici les les hésitants. Vais-je aller prendre un café ? Vais-je acheter un livre ? Vais-je flâner dans le relais H, prendre un journal, une bouteille d'eau, un paquet de chewing-gum ou de ces bonbons forts à la menthe ? Ils errent comme des âmes en peine. Une fois le numéro affiché, eux aussi prennent une décision. Enfin. Ils se dirigent vers le train.

D'autres ont leurs habitudes : d'abord le café ici, puis l'achat de tel journal ou d'un bouquin.

Ils sont deux. Costard bleu. Sans cravate.

« Attends, Pierre, on va le prendre là, le café, il est meilleur. Après, j'irai me prendre *L'Équipe*. »

Rituel quand tu nous tiens…

Une fois dans le wagon, une session d'observation a lieu. Forcément. Suis-je à côté d'un enfant bruyant ? Ou d'un accro au téléphone ?

Le voisin de TGV fait partie du voyage parce qu'on l'observe. Il est un miroir. Une forme de reflet de nous-mêmes. Positif ou négatif. « Comment peut-on agir comme cela ? » Ou : « Tiens, c'est intéressant son truc, je vais me procurer ce livre. » Nous nous sommes tous dit ce genre de chose un jour, en observant les autres. Nos chers voisins de TGV.

Dans mon wagon, aujourd'hui, ceux qui attirent mon regard et mes oreilles sont un groupe de copains. Trois couples. La soixantaine bien tapée. Hâlés. Ils prennent le train pour rentrer chez eux après un voyage à l'étranger. Le kaléidoscope est joyeux.

En arrivant dans la voiture, l'une des femmes lance à une autre, en montrant les journaux achetés par son mari :

« Tu as vu la culture de mon homme : la chasse et les bagnoles », rigole-t-elle, jaune. Son mari lève les yeux au ciel en regardant l'un de ses potes.

Un peu plus tard, la même : « On a un carré de quatre, on pourrait faire un bridge. » Mais l'un des potentiels joueurs ne « bridge pas ». Pas grave, ils se lancent dans une belote.

Les deux autres, homme et femme, ne sont pas dans le carré. Alors que la speakerine du TGV annonce : « Nous sommes désolés, mais suite à un incident technique au bar, nous sommes dans l'impossibilité de servir du café », le mari, ventre de sénateur, râle : « Avec le prix qu'on paye, même pas fichus de nous filer du café. Si seulement on pouvait avoir une vraie concurrence sur les chemins de fer, ce serait bien. »

Sa femme pouffe.

Nouvelle annonce : « Bienvenue dans le TGV numéro six cent quarante-neuf, nous allons venir à votre rencontre, veuillez préparer vos billets. »

Le mari : « Je n'ai jamais compris pourquoi les gens ne se rebellaient pas contre le contrôle des billets. C'est tout de même la fin de notre liberté de circulation. »

La femme : « Tu ne veux pas arrêter un peu de dire des conneries ! »

Le silence circule dans la voiture désormais. Un peu plus loin de moi, un geek. Barbe longue, taillée et rousse. Deux téléphones sur la tablette. Une Nintendo Switch en main.

Un peu plus loin encore. Un fauteuil sur ma droite, de l'autre côté du couloir. Mon regard se pose sur une femme. Cinquante-cinq ans environ. Jean, baskets Veja vert et blanc, top Comptoir des cotonniers. Habillée comme une trentenaire. Elle lit. *Sexpowerment : comment le sexe libère la femme (et l'homme)*, de Camille Emmanuelle. Elle prend des notes dans un cahier qui ressemble à un cahier de pensées. Il y a des couleurs, des phrases dans tous les sens. C'est une voisine intrigante. Elle a la peau mate. Elle est brune. Ses yeux bleus sont perçants. Dans son regard, on lit de l'espièglerie, et une forme de dureté. Quelques minutes plus tard. Elle pose son livre et son stylo. Saisit son téléphone. Elle envoie des SMS. Je m'interroge : « À qui écrit-elle ? » « Parle-t-elle de sa lecture ? »

Observer mes voisins de TGV est un ravissement. Avec eux, nous partageons pour plusieurs heures un espace intime qui se moque des fameuses distances dites « sociales »… Au fond, tout l'être de mon voisin de TGV est une partie de mon voyage. Ses gestes, son activité, tout. Je jetterai forcément un œil sur le roman qu'il lit, le film qu'il regarde sur son téléphone, les titres de *L'Équipe* qu'il a sur sa tablette. Parfois, j'aurais la chance, ou la malchance c'est selon, d'entendre distinctement les paroles de *Despacito* qu'il écoute à fond dans ses écouteurs. Comme si le TGV était une sorte de boîte de nuit… Les plus curieux – quoique finalement, n'est-ce pas le cas de tout le monde ? – regarderont les SMS qu'il envoie, y remarqueront des fautes d'orthographe, et s'interrogeront sur ces mots difficiles qu'il a envoyés à sa femme ou à sa tante Jeanne.

De même, s'il attrape son sandwich, alors je ferai partie de son repas, comme de son sommeil s'il préfère Morphée. Parfois, avec ce voisin, nous nous touchons. En quelque sorte, le voisin de TGV est un intime dès qu'il s'assoit à côté de nous. Dans cette relation, il n'y a pas de préliminaires. Pas de préliminaires, car dès l'entrée en matière, le corps de notre voisin compte. En fonction de sa taille, et de son état d'esprit, la terrible guerre de l'accoudoir sera plus ou moins ardue. Évidemment, si la conversation avec lui ou avec elle s'engage, on risque de tomber sur le passionné qui a envie de nous entretenir de sa passion pour les maquettes en allumettes, mais il y a aussi la possibilité d'une rencontre. Avec une voisine ou un voisin qui demain deviendra un ami, un amant, un compagnon de palabres, un frère… qui sait ?

Sans discussions, la fertile imagination nourrit le voyage. Mais qui sont-ils, ces voisins de TGV ? Celui-ci est-il un *serial killer* ? Un héros ? Une autrice célèbre ? Un médecin qui sauvera la vie d'un proche demain ? Depuis l'épisode de l'attentat déjoué du Thalys en 2015[1], dès qu'un voisin paraît étrange, la machine à fantasmes se met en marche. Et si cette valise que j'ai trouvée louche dans le compartiment, tout à l'heure, était à cet homme à la longue barbe qui se situe à quelques sièges du mien ? Et si cet homme était en fait un terroriste bien décidé à faire de cette rame Paris-Montpellier le cercueil de tous ses voisins de TGV ?

1. <https://fr.wikipedia.org/wiki/Attentat_du_train_Thalys_le_21_ao%C3%BBt_2015>.

Tout est possible, tout est ouvert. Je regarde, je jauge, j'estime, je sociologise mes chers voisins de TGV.

Mon voisin de TGV me ressemble. Il a, comme moi, dépensé une somme conséquente, il a espéré, comme moi, ne pas se retrouver dans le wagon de retour d'une classe verte, d'un exhibitionniste de la conversation téléphonique ou d'un couple qui se dispute. Chaque voisin de TGV est un rappel de notre liberté, de notre engagement humain, il est notre miroir, nous sommes le sien. Chaque voyageur est un frère ou une sœur en humanité. « Je suis responsable de l'autre dans le surgissement de son visage », aimait rappeler le philosophe Emmanuel Lévinas. Dans la relation avec mon voisin de TGV, cette maxime n'a jamais été aussi vraie. Responsables les uns des autres car frères et sœurs humains.

Après l'observation, la divagation mentale propre au voyage en train m'a gagné. Nous arrivons en gare de Montpellier. Terminus. Les voisins de ce TGV s'en vont. Ils reprennent le chemin de leur vie. Ils me regardent sûrement aussi. Qui était ce quadra en jean et baskets bleus qui a passé son voyage à travailler frénétiquement sur son ordinateur, et qui a oscillé entre deux livres : *Après la fête* et *Indignation totale* ? Pourquoi nous regardait-il ainsi ?

Nous étions une partie du voyage des uns et des autres.

« Qu'est-ce que l'on ferait
si l'on était moins con ? »
*Vie de train*

## Paris-Brive, Intercités, départ 6 h 39

Au départ de l'Intercités pour Brive, ce matin, des cadres aux yeux embrumés. Tous et toutes partent travailler. Évidemment. Les fans de l'ordinateur matinal sont là. Les dormeurs aussi. Le silence est déconcertant de puissance et d'intimité. L'Intercités – plus encore que le TGV – invite à la patience, à la lenteur, à la réflexion sur soi et à l'observation. À cette heure-là, les conversations sont quasiment inexistantes. Chacun est en lui-même. C'est ainsi qu'alors que nous atteignons la quatrième gare visitée dans ce long trajet, mes pensées s'évadent. Elles s'attardent d'abord sur cette fameuse expression « train de vie ». Au fond, quel est le bon train de vie ? Qu'il soit financier, amoureux, professionnel. À chacun de trouver sa réponse. Celle que l'auteur pourrait livrer est certainement bien différente de celle de cette jeune cadre, robe bordeaux, qui oscille entre la tentation du sommeil et les documents qu'elle est en train de finaliser. Adolescente, se rêvait-elle dans un train à 6 h 39 du matin, plongée dans son travail ? Et cet homme mûr, habillé en dandy, barbe de trois jours et armé de l'assurance du conquérant, s'il se retourne, estime-t-il qu'il a bien mené le train de sa vie ? Les wagons qu'il tirait lui ont-ils permis d'atteindre l'allure à laquelle il aspirait ?

Au fond, la puissance d'un trajet en train, c'est qu'il nous renvoie à nous-mêmes et, par métaphore, au train de notre propre vie. À son allure. À ses wagons, chargés ou légers. Emplis de voyageurs, ou vides. Au bruit, ou au silence. Cela nous invite à regarder l'intérieur de nos wagons. À ouvrir telle porte et à se confronter à ce que l'on trouve derrière. Le wagon de la joie abrite tous les bons souvenirs ; ils sont aériens, ils flottent avec nous et donnent au train de notre vie une belle allure. Bien sûr, il y a le wagon que nous n'aimons pas ouvrir. Celui des mauvais moments, des erreurs, des choses que nous aurions aimé ne pas faire, et des peines aussi. Mais ce wagon, même s'il pèse et peut parfois ralentir le train de notre vie, fait partie intégrante de nous, de ce que nous sommes. Indéniablement. Reste un autre wagon. Un dernier wagon. Celui des choses que nous transportons mais qui ne sont pas à nous. Ce wagon dans lequel chacun et chacune trouve les espoirs des parents, les constructions bancales d'identité, les chemins empruntés pour de mauvaises raisons, etc. C'est certainement ce wagon qui pèse le plus lourd dans notre « train de vie » et qui nous empêche parfois d'avancer à l'allure souhaitée. C'est ce wagon auquel nous pensons quand un voyage en train s'étire et invite à la contemplation, à l'introspection et à la méditation. Inévitablement, ces instants amènent une réflexion plus large. Les paysages qui défilent sous les yeux viennent interroger le citadin : pourquoi ne ferais-je pas comme ces voyageurs qui – chaque jour – prennent le train pour se rendre à Paris ? Le soir, ils rentrent chez eux, à la campagne. Ils ont, eux, franchi le Rubicon d'une vie proche de la nature et d'un travail dans la capitale. Les paysages bucoliques que nous traversons sont autant de questions posées à nos trains de vie d'urbains. Ils ravivent la tentation de Venise qui vient gagner chacun et chacune de nous alors que nous voyageons en train. Elle est là. Intense. Puissante. « Qu'est-ce que l'on ferait si l'on était moins con ? » lance d'ailleurs Jean-Pierre Daroussin (Manu), dans *Le Cœur des hommes*, à ses potes Gérard Darmon (Jeff), Bernard Campan (Antoine) et Marc Lavoine (Alex) qui se débattent avec les différents wagons de leurs vies respectives.

Nouvel arrêt. Ce n'est pas encore l'arrivée. Je regarde à nouveau cet homme dégageant une assurance rare. Je me demande quelles ont été ses joies. L'impression de voir le businessman de la chanson[1]. Je m'interroge sur les chemins qu'il a suivis parce qu'il le fallait. Les regrette-t-il ?

Je jette maintenant un œil à la jeune cadre. Depuis quelques minutes elle a terminé sa présentation. Elle est désormais plongée dans un livre. Hasard ferroviaire. C'est un roman que j'adore : *La Découverte du ciel*, d'Harry Mulisch. Une histoire

1. *Le Blues du businessman.*

d'amitié. Une histoire d'humanité. Et forcément, mon esprit se questionne : qui est cette personne ? Quelle est son histoire ? L'allure de son train de vie la satisfait-elle ? Et *quid* de ses peines ? Et *quid*, surtout, de ce troisième wagon dans lequel se trouvent toutes ces choses qui ne nous appartiennent pas vraiment et qui ralentissent notre train ?

Au même moment, une personne entre dans la voiture. Une femme. Cheveux longs et lisses. Blond platine, baskets roses, sac Hermès avec une petite peluche poisson multicolore accrochée dessus, jean noir en fuseau. Quelques poils qui restent sur les mains. Voix rauque. Elle est transgenre. Sûrement qu'elle connaît mieux que quiconque cette image du train de la vie et des wagons que l'on traîne sans bien savoir pourquoi, du tri qu'il faut parfois savoir opérer.

En la regardant, je pense au film – sublime – de Patrice Chéreau, *Ceux qui m'aiment prendront le train*, sorti en 1998 et dans lequel Vincent Pérez joue un homme qui change de sexe. Le train est un sas de vie.

Alors que ce voyage méditatif et personnel se termine, que je l'ai (comme toujours) aimé, les questionnements me taraudent. Et s'il était temps pour chacun de faire le tri dans ses wagons ? Les miens, les nôtres, les vôtres…

Et si l'Intercités et son allure sereine et active sans être frénétique était justement une bonne métaphore de cette question du train de la vie ? En épurant les wagons en trop. Ceux que l'on n'a pas à porter. Pas pour aller frénétiquement vite comme dans un TGV, mais au contraire pour trouver une allure. La sienne.

## Mélancolie du bar de TGV
*Tics de train*

10 OCTOBRE 2019, PARIS-CONCARNEAU, SECONDE CLASSE

« Le sentiment habituel de notre imperfection », c'est ainsi qu'Eva Bester définit – en reprenant Diderot – la mélancolie dans son excellent livre, *Une époque mélancolique*. Ce matin, le TGV de l'aurore était – comme toujours – parsemé tantôt de dormeurs invétérés qui viennent dans le roulis rassurant du train terminer leur nuit un masque sur les yeux, tantôt de travailleurs acharnés, au turbin dès six heures du matin à relire des notes et à griffonner. Ces derniers ont d'ailleurs une façon bien à eux de taper sur le clavier ou de s'agacer au moindre dérangement picrocholin.

Délaissant un temps le cocon rassurant de la voiture molletonnée de première classe dans laquelle lever les yeux de l'écran est une forme de crime de lèse-entreprise, je laisse mes pas me guider jusqu'à la voiture numéro 5, celle du bar. Changement d'ambiance radical. Alors que le soleil émerge doucement, un homme seul derrière son guichet. De l'autre côté, au minimum vingt-cinq personnes. Toutes là pour le breuvage salvateur. Un café ou un thé. Parfois accompagné d'un croissant. Dans la queue, à intervalles réguliers, tous et toutes lèvent la tête de leur smartphone pour jauger le temps à attendre. La majorité souffle. Excédée de ne pas pouvoir se presser dès 6h23 du matin. Derrière le guichet, l'homme accomplit sa besogne. Ne fait pas attention aux agacements. Se permettant même un mot gentil ici ou là. Voire une petite blague: «Bonne chance pour le retour à votre place avec ces trois boissons, le train bouge beaucoup.»

Sur son visage buriné par les années, quelques rictus.

Dans ses mouvements, une forme d'expérience lente qui traduit son âge.

«Bon courage à vous, lui lance-t-on, une fois le café récupéré.

— Il m'en faut tous les jours. Le café des gens est une chose sérieuse, vous ne pouvez pas imaginer…», répond-il dans un sourire.

Dans cette fraction de seconde, il ouvre une porte. Celle de sa mélancolie.

Et du même coup, il ouvre la nôtre. En sirotant le café et le jus d'orange dans un train à trois cents à l'heure, l'esprit divague. À quoi tout cela sert-il, au fond ? À quoi cela sert-il de s'exciter dès six heures du matin sur du boulot, à quoi cela sert-il de s'agacer pour dix minutes d'attente dans la queue d'un bar de TGV ? Nos priorités actuelles sont-elles les bonnes ?

Non loin de là. Deux collègues-amies discutent. L'une, trentaine vaillante, bottines noires, jupe et top Sud Express colorés : « Tu sais, je me demande souvent si je suis faite pour ce travail. Au fond, ce n'est pas ce que je voulais, de courir partout pour faire des audits. Alors oui, nous sommes bien payées, mais franchement est-ce que cela en vaut la peine ? Ça fait seulement dix ans et j'ai l'impression que je bosse depuis la nuit des temps. »

L'autre, plus âgée, presque soixante ans, tailleur noir, escarpins noirs, cheveux noirs courts, ne l'aide pas vraiment à y voir plus clair : « Et encore, tu n'as pas encore la sensation désagréable de laisser tes enfants grandir sans toi, à ne plus faire que croiser ton mari et finalement à te retrouver seule. Tu peux encore faire autrement. Fais-le si tu le peux. »

Le silence s'installe.

Sérendipité du TGV, à quelques encâblures de là. Deux hommes discutent. L'un des deux, ventre de la cinquantaine, cheveux clairsemés, raconte à l'autre comment il a décidé de ne plus être ingénieur pour devenir apiculteur.

L'autre l'interroge : « Tu ne regrettes jamais ? »

L'apiculteur répond : « Tu sais, c'est à la fin du bal qu'on paye les musiciens. Bien malin qui peut dire si l'on fait les bons choix. »

Faire le bon choix. Se demander toujours si c'est la bonne voie que l'on emprunte. Diderot aurait pu définir la mélancolie de la sorte.

## Drague européenne à grande vitesse…
*Transports amoureux*

MERCREDI 27 NOVEMBRE,
PARIS-BRUXELLES, THALYS, 15 H 55,
SECONDE CLASSE

L'Europe existe, je l'ai rencontrée. Elle était dans le Thalys 9461 de 15 h 55 pour Bruxelles. Le roulis du train était couvert par les langues différentes. Anglais, allemand, hollandais, suédois. L'espéranto n'existe pas, mais la multitude de ces langues sonne européen. Comme si le Thalys était le wagon de cette libre circulation. Comme un facilitateur.

Les premières pensées de ce voyage sont cinématographiques. L'Europe est là devant moi. Comme dans un film de Cédric Klapish. Dans le deuxième épisode, *Les Poupées russes*, après avoir vécu Erasmus à Barcelone, Romain Duris (Xavier) prend très régulièrement le train (en l'occurrence l'Eurostar) pour aller retrouver son amoureuse à Londres.

Dans ce train, mon Thalys, mon attention s'attarde d'abord sur deux femmes, septuagénaires, quasiment octogénaires. Apprêtées, elles sont. L'une porte un pantalon noir, un chemisier blanc, avec un foulard Hermès et un pull verdâtre. L'autre est en jupe, avec un chemisier blanc et un pull bordeaux. Maquillage et gros bijoux viennent compléter l'attirail. Emma et Rachel sont joyeuses. Elles partent à Bruxelles pour fêter Thanksgiving en famille. Elles sont cousines et se rendent chez la fille de Rachel qui a épousé un Belge. « J'ai bien épousé un Français », rigole Rachel. La gouaille des deux femmes est communicative.

Dans les gazettes, Emma et Rachel pourraient être surnommées les « seniors actives ». Leur discussion de femmes huppées retraitées fait songer à celle de deux cadres dynamiques.

« Le 22 je suis à Bucarest, puis j'irai à Londres, et cette année, ce sera Christmas dans le désert », raconte Emma. Rachel enchérit : « Moi, je serai à Madrid le 25 et à Palerme le 1er. Noël, ce sera Punta Cana. » Elles rient.

Par moments, elles sombrent dans le silence. Mais pas trop quand même. Les cancans reviennent vite.

Rachel: «J'ai dîné avec Gilles, il est gentil, très gentil, excessivement gentil. Pas tout jeune, mais gentil. Il a passé nonante. Gilles était de passage à Paris, il m'a appelée et m'a invitée chez Garnier. C'était fort agréable.»

Emma: «Et alors, il s'est passé quelque chose?»

Rachel: «Gilles est mon chambellan.»

On n'en saura pas plus.

La contrôleuse arrive. «Je n'ai pas ma carte 12-25 ans, aujourd'hui. Par contre, j'ai celle Senior, lance Emma, hilare.

— Rassurez-vous, je ne doute pas de votre âge», réplique du tac au tac la contrôleuse, jolie comme une handballeuse suédoise. Les trois femmes rigolent de bon cœur.

À côté, Giacomo. Il a l'élégance de l'Italien. Costume en tweed ajusté, cravate, boutons de manchette, mocassins Lobb aux pieds. Cheveux bouclés, mi-longs et frisés, il travaille pour un cabinet de lobbying qui intervient auprès des différentes institutions de l'Union européenne. Il raconte à intervalles réguliers, au téléphone, ses voyages à Paris ou un peu partout en Europe. À un moment, il lâche, agacé : « Ça, Giorgio, nous n'y arriverons pas. Je te l'ai dit dès le départ. Si tu n'es pas content, il ne fallait pas me confier la mission, ou alors m'écouter. » Ensuite, il passe un autre appel. « *Ciao Stefania. Ancora me. Mi manqua. Baci amore.* »

Non loin, un couple de jeunes Anglais. Bonne société oxfordienne. Ils sont amoureux. Et vont conquérir l'Europe. L'assurance de leur jeunesse est puissante. Intense. Comme une évidence.

À quelques quelques sièges de là, dans cette voiture 5, Marie. Quarante-trois ans. Je le sais car elle l'a dit à Marc, soixante-quatre ans, qui, assis à côté d'elle, a engagé la conversation. Marc est de ces voisins de train qui veulent créer du lien. Quand il est arrivé dans le wagon, il a lancé à la cantonade : « Bonjour à tous, je vous souhaite un bon voyage. » Marie a levé les yeux. Marc avait un public. Le hasard ayant bien fait les choses, il s'est assis à côté d'elle. Place 42. La discussion a embrayé. Marc est bavard. Il raconte tel un récit héroïque comment il a été ennuyé par les bouchons dans Paris et comment il a failli rater ce Thalys. Marc a une barbe de cinq jours. Poivre et sel. Les cheveux ébouriffés. Il porte des Paraboots, un jean, un pull côtelé et un blouson en cuir buriné. Look photoreporter, se dit-on. Bingo ! Il raconte à Marie son dernier voyage en Afrique auprès d'une tribu. Les yeux de Marie brillent devant la volubilité du personnage.

Le contraste entre les deux est d'ailleurs saisissant. Lui, très (trop ?) extraverti. Elle, jupe façon kilt, haut ras du coup avec un pompon retombant sur sa poitrine généreuse, look bonne élève.

Aux interrogations de Marc, elle répond volontiers. Elle est Belge, travaille pour une entreprise de conseil en stratégie. Divorcée. « J'ai appris à accepter le fait d'être seule avec les enfants. Un peu comme vous dans vos reportages, les enfants en moins », rigole-t-elle.

Marc répond en dévoilant – un peu – son parcours. La guerre du Liban quand il était jeune photographe. Ses escapades un peu partout dans le monde. Ses deux enfants qu'il n'a pas vus grandir. Leurs relations sont difficiles désormais. « Je n'ai pas su concilier ma passion pour l'adrénaline du reportage et celle pour mes enfants. Maintenant, c'est trop tard. »

Comme souvent, l'espace contigu du train, le roulis et la proximité font tomber des barrières. Celles entre Marie et Marc n'existent plus. Les silences entre eux sont confortables; Ils installent un peu plus la complicité naissante. La discussion s'interrompt et reprend à intervalles réguliers. Marie, qui rentre chez elle à Bruxelles, demande à Marc ce qu'il vient y faire. «Je vais photographier des starlettes pour l'industrie du luxe. Rien de passionnant, mais bien payé», dit-il... Et d'ajouter: «Lamentable, hein? pour un ancien photojournaliste.» Marie sourit. Ne sait pas trop quoi répondre. «Non, non, il faut trouver l'équilibre», tente-t-elle dans une sobriété bienveillante.

Des profondeurs de leurs âmes, ils arrivent ensuite à des sujets plus futiles. Les films, les livres. Leurs goûts. Leurs villes préférées parmi celles qu'ils ont visitées. New York pour Marie. Jérusalem pour Marc. Plus le voyage s'écoule, plus celui ou celle qui verrait Marc et Marie échanger dans ce Thalys sans avoir été là dès le début pourrait imaginer qu'ils sont amants, ou amis. Ou les deux.

Déjà l'arrivée approche. Tous deux sont dans leurs pensées. Marie semble se demander si Marc va l'inviter à prendre un verre. Elle lui demande dans quel coin de Bruxelles il dort ce soir. Marc, lui, semble hésiter. Cela ne lui ressemble pas. Se dit-il que Marie est trop jeune ? Que cela ne rime à rien ?

Le train est arrivé. Les Européens descendent. Les uns s'embrassent, les autres se pressent. D'un œil, je regarde Marc et Marie qui marchent l'un à côté de l'autre. Ils sortent de la gare en même temps que moi. Marc s'arrête. Il va prendre un taxi. Marie hésite. Ils échangent quelques mots. Marc a son portable en main. Mais il ne note rien. Il écrase un léger baiser sur la joue de Marie. Ils partent dans deux directions opposées.

Je monte dans mon taxi en songeant à Camus. « Je ne connais qu'un seul devoir et c'est celui d'aimer[1]. »

1. Dans ses *Carnets*, t. 1, mars 1935-février 1942.

## Ils ont besoin de fumer

*Tics de train*

### Novembre 2019, Paris-Quimper, seconde classe, voiture 18, place 27

Ce jour-là, le hasard du placement ferroviaire a voulu que je me retrouve fauteuil 27, côté couloir. Alors que je suis installé depuis quelques minutes, que l'annonce de bienvenue a déjà eu lieu et que celle du départ imminent retentit, un homme entre dans la voiture. Je suis près de cette entrée. La première chose qui me frappe, c'est l'odeur de tabac tiède qui accompagne toujours le fumeur qui vient de terminer sa cigarette. Comme l'impression que celle-ci fume encore. L'homme range sa valise dans le compartiment idoine et à présent il cherche sa place. C'est la 26, celle juste à côté de la mienne sur laquelle j'espérais pouvoir poser sac à dos et livre à lire. Patatras, tous mes plans s'effondrent.

Je me lève donc, je rassemble à la hâte les affaires qui traînent et je laisse mon compagnon de voyage du jour se glisser à la place 26.

L'odeur de la cigarette est là. Toujours. Présente. Il s'installe doucement, sort *Le Monde*, son ordinateur, et place son paquet de Marlboro Gold dans le petit filet qui orne chacun des sièges. Il prend un chewing-gum. M'en propose un. Je décline. L'odeur de la menthe se mêle maintenant à celle du tabac froid. Cocktail de fumeur.

Sur ce trajet qui doit nous emmener jusqu'à Quimper, on compte quatre arrêts. Au bout d'une heure trente de voyage environ, première étape. L'annonce retentit : « Dans quelques instants, nous arriverons en gare de Rennes. Quatre minutes d'arrêt. Assurez-vous de ne rien oublier à votre place. Rennes, quatre minutes d'arrêt. »

Mon voisin attrape son paquet, sort une Marlboro, se lève pour récupérer son blouson posé au-dessus de lui et me dit : « Pardon, je vais sortir fumer. » Le train ralentit. Alors que je me rassois, je regarde ce compagnon fumeur. Il est devant la porte du train. Le premier. Avant ceux qui ont leurs valises et qui s'arrêtent à Rennes. Lui a pour seuls bagages sa clope et son téléphone. Alors que le train entre en gare et qu'une nouvelle annonce retentit, il est là, prêt à bondir sur le quai et à allumer la cigarette qu'il attend depuis une heure trente-deux minutes exactement.

La libération est là désormais. La porte est ouverte et il est sur le quai. Il prend son briquet et tire sa première bouffée de tabac. Il fume vite, tout en téléphonant. Je le regarde, il fait les cent pas en téléphonant et en fumant. À intervalles réguliers, il regarde le train pour vérifier s'il a encore le temps. Alors qu'il a fumé les trois quarts de sa cigarette, l'annonce du départ résonne. Il se poste sur les marches du wagon et continue de fumer, le bras dehors.

La sonnerie retentit, il jette sa cigarette dans le petit interstice entre le quai et les marches du train, et rentre son bras. Il trifouille dans sa poche. Prend un chewing-gum. Encore. Il ne revient pas tout de suite à sa place et se dirige vers le bar. Quelques longues minutes plus tard, mon voisin fumeur est de retour. L'odeur du tabac avec lui, agrémentée par-dessus de celle du café. Notre voyage continue.

Environ une heure plus tard, un nouvel arrêt approche : Vannes. Derechef, annonce : « Dans quelques instants, notre train arrivera en gare de Vannes. Assurez-vous de ne rien oublier à votre place. Vannes, 3 minutes d'arrêt. » Trois minutes, et non plus quatre. Une minute de moins pour griller sa clope. Mon voisin bondit, s'excuse à nouveau : « Je ressors fumer, désolé. C'est ça d'être un drogué. » Je ris avec lui. Dans notre société moderne, non seulement la cigarette est considérée comme une drogue, mais les fumeurs sont désormais des parias.

Et de me souvenir alors d'un Bordeaux-Paris matinal réservé la veille, au tout début des années 2000. Il ne restait plus que le wagon fumeur. J'avais pris la place malgré tout. En entrant dans le compartiment, je me rappelle une fumée prégnante alors même que le train était encore à quai. Ma voisine de ce jour-là avait une voix rauque et rallumait une cigarette sans laisser à celle qu'elle était en train de terminer le temps de refroidir. J'étais allé m'installer au bar. Pour sortir de la brume de tabac.

Autre temps, autres mœurs. Désormais dans le train, le fumeur doit user de toute une dextérité pour pouvoir se la griller durant les « trois minutes d'arrêt ». Mon voisin, donc, s'est levé, m'a gratifié de sa petite blague et s'est à nouveau posté devant la porte, le doigt sur le bouton, prêt à jaillir sur le quai et à jouer du briquet. Derrière lui, alors que le train ralentit pour s'arrêter, une fumeuse. Mêmes tics que lui. Il la remarque. Lui parle. Visiblement, il lui dit qu'il a du feu. Ils descendent ensemble. Il allume les deux cigarettes et une discussion s'engage. Que se disent ces deux « fumeurs des trois minutes » ? Une rencontre si brève reste-t-elle dans leur mémoire ? Je les regarde rire. Ils ont fumé vite puisqu'ils allument une deuxième cigarette en se juchant sur les marches du train, la porte ouverte et le bras dehors pour être prêts au moment de la sonnerie. Ils ne terminent pas cette seconde clope dans les trois minutes imparties.

Le TGV repart, les deux fumeurs reviennent à leur place. Il s'excuse à nouveau auprès de moi. Et me dit : « Nous ne sommes plus très nombreux à fumer, mais c'est comme au restaurant ou au bar : quand on sort fumer, on fait des rencontres. » Je l'interroge :

« Et la rencontre fut belle ?

— Ni belle ni moche, rencontre de clopeurs. On a parlé des difficultés pour les fumeurs désormais. Le prix des clopes, la disparition des zones fumeurs dans les trains ou les restaurants. L'impression parfois d'être un peu des fous avec notre addiction à dix balles le paquet», répond-il en rigolant.

Le silence s'installe à nouveau. Cette fois-ci, il n'a pas pris de chewing-gum, mais les petits bonbons Frisk à la menthe forte. Une bonne heure après, c'est à Quimperlé que le train doit marquer l'arrêt. Alors que l'annonce retentit à peine, je me lève. Il sourit et lance: «Vous êtes compréhensif, c'est sympa. Merci.» Il reprend sa place devant la porte, clope sur la lippe et doigt sur le bouton pour aller fumer sur le quai dès le train immobilisé. Sa rencontre de tout à l'heure l'a rejoint. Ils échangent quelques mots. Non loin d'eux, un couple de jeunes. Petite trentaine. Eux aussi sont des fumeurs des trois minutes sur le quai de la gare. Ils rient ensemble. En les regardant, le souvenir d'un fait divers me revient.

C'était au début de l'année 2017, je m'en souviens bien, la campagne électorale pour la présidentielle était lancée et déjà l'affaire Fillon faisait les titres des gazettes. Deux jeunes de dix-huit et dix-neuf ans étaient sortis fumer sur le quai de la gare du Mans. Problème: sans doute s'étaient-ils laissés prendre par l'euphorie de la clope, le train était reparti sans eux, mais avec leur bébé de sept mois à l'intérieur. Heureusement, tout s'était bien terminé et France Info avait expliqué qu'un « contrôleur s'était mué en nounou ».

Décidément, fumer est une activité risquée.

## Le naufragé de la place
*Tics de train*

STRASBOURG-PARIS, TGV, SECONDE CLASSE, VOITURE 16, PLACE 54

17h29, gare de Strasbourg. Dans l'atmosphère, une forme de désorganisation générale. Si les longues grèves sont désormais derrière les voyageurs, des perturbations demeurent. Des passagers ne parviennent pas à faire valider leur billet par les bornes électroniques ou par les petits boîtiers des contrôleurs. Les annulations des semaines écoulées et les reports de billets n'ont visiblement pas été enregistrés dans toutes les machines. Sur le quai, l'agitation est palpable. Tous ces voyageurs du mardi rentrent vers la capitale, ils sortent de rendez-vous professionnels, sont pressés, excités, agacés. Ce soir, en arrivant à vingt heures à Paris, ceux qui sont parents de jeunes enfants savent qu'ils ne pourront pas dîner avec les petits, et qu'ils ne les verront pas éveillés non plus. Ils sont le symbole de cette vie frénétique qui épuise. Cette vie un poil ahurissante que nous menons sans nous en rendre compte. Entre déplacements professionnels, pression des chefs, des actionnaires, charge mentale, impression que le temps file sans que l'on puisse le saisir, et avec cette certitude qu'au fond il y a quelque chose de don quichottesque dans nos existences. Comme si nous courrions après du vent.

L'électricité du quai strasbourgeois et des rames de TGV provient de cet ensemble de choses. Des désagréments des grèves, des annulations, des billets invalidables, mais aussi de cette sensation de vertige qui étreint celui ou celle qui court après le temps. En permanence. Tout le temps. Si le calme revient, un peu, au moment où l'on trouve sa place, on sent vite que ce voyage sera mouvementé.

La place 52 va être le théâtre d'un affrontement abracadabrantesque. Au départ du train, une femme active y a trouvé place. Dès qu'elle s'est assise, elle a sorti dossiers et ordinateur pour se mettre à travailler. Pour finir sa journée. Pour répondre à des mails. Pour continuer au rythme dans lequel elle est depuis le matin, 5 h 30, quand elle a pris le train aller pour venir à Strasbourg. Tout cela, toute la voiture le sait. Car elle passe des coups de fils. Et peu importe qu'au-dessus de sa tête figure un autocollant en forme de téléphone silencieux. Elle travaille, elle. Elle ne va pas aller sur les passerelles. « Je suis dans le train, je ne reste pas longtemps car je ne veux pas me déplacer. Je bosse encore. Ce soir, je ne gère pas le dîner. J'ai encore un dossier à boucler en rentrant. » Au moins, c'est clair.

L'interrogation de savoir si, un jour, quelqu'un ou quelqu'une se lèvera pour dire de la fermer à celui ou à celle qui parle trop fort au téléphone, me taraude. Et si je me levais pour le faire ? Serais-je le héros de cette voiture 16 ?

Le train est parti depuis une vingtaine de minutes quand un voyageur en costume gris clair, chemise blanche et cravate noire entre. Il a couru. Il a eu le train. Il est monté dans une voiture et les a toutes remontées avant d'arriver à la place qui – sur son billet – lui échoit. Diantre ! C'est la place 52 ! Il interpelle la travailleuse acharnée : « Bonjour. Nous avons un problème. Vous avez pris ma place. » Dans le wagon, des visages se tournent vers les deux protagonistes. Certains sont déjà captivés. S'ils avaient du popcorn, on se dirait qu'ils sont devant un film.

La femme relève la tête, exténuée. Elle souffle, regarde l'homme qui vient de lui parler. Et réplique du tac au tac: «C'est plutôt vous qui voulez prendre ma place.» Elle replonge dans ses dossiers. L'homme se fige. Il semble se demander si c'est du lard ou du cochon. La femme, elle, ne bouge pas. Elle se lance même dans un nouvel appel. L'homme s'impatiente. Il hausse le ton: «J'ai la place 52, alors vous allez me laisser m'asseoir ou je vais appeler le contrôleur.» La femme continue son appel. Comme si de rien était. L'homme: «C'est interdit, le téléphone dans la rame», crie-t-il maintenant à l'oreille de la femme. Elle s'arrête. Termine son appel en disant à son interlocuteur: «Je te laisse, un mâle alpha me fait chier.»

Elle se tourne maintenant vers l'homme qui veut la place 52. «Moi aussi, j'ai la place 52 dans la voiture 16. C'est marqué là, sur mon téléphone. Regardez. Alors maintenant, si vous le voulez bien, vous vous installez ailleurs, car j'ai du travail.»

«Non, mais ce n'est pas possible d'être aussi peu aimable», s'énerve l'homme au costume. Et il poursuit: «Moi aussi j'ai la place 52, c'est aussi écrit là », en montrant son billet imprimé. « Donc on fait quoi ? »

Elle : « Bah, premier arrivé premier servi. En l'occurrence, c'est moi. Je suis assise depuis vingt minutes et j'ai du travail. » Le voisin de la dame, place 53, ne sait plus vraiment où se mettre.

Le naufragé de la place, lui, est au bord de l'explosion. « Non, cela ne va pas se passer comme ça. C'est insupportable. Après les grèves, les problèmes de place ! Je n'en peux plus ! » hurle-t-il désormais.

Certains voyageurs lui demandent de se calmer. D'autres prennent fait et cause pour lui. « Si la femme se barre, on sera gagnants, parce que sinon on va connaître toute sa vie avec sa manie du téléphone », rigole mon voisin de la place 55. L'homme retente une approche : « Sérieusement, madame, vous êtes sûre que vous avez la place 52 ? Vous êtes bien dans la voiture 16 ? » Elle souffle. « Oui, oui, je vous l'ai déjà dit. » Le monsieur de la place 53 veut désormais se rendre utile. Il demande au naufragé de la place de lui montrer son billet. Et là, stupeur : « C'est étonnant, vous êtes bien place 52, dans la voiture 16 », constate-t-il. L'homme au costume s'agace : « Oui, je n'arrête pas de vous le dire ! » Mais l'homme de la place 53 n'a pas dit son dernier mot: « Mais, monsieur, regardez, vous avez un numéro de train différent. » Un silence s'installe. Notre naufragé de la place reprend son billet en main. Le scrute. Une minute s'écoule. Les voyageurs sont suspendus à la chute de l'histoire. « Non, mais ce n'est pas possible d'être aussi con! Je devais prendre le train de 18 h 12, pas celui de 17 h 29! Quel abruti, j'en ai marre de courir et de tout rater! » crie-t-il. Des éclats de rire se font maintenant entendre. Des applaudissements, aussi. Des mots de réconfort: « Allez, ne vous inquiétez pas, ça arrive à tout le monde. Le contrôleur va vous arranger ça. »

L'homme s'en va, penaud. « Excusez-moi. Vraiment. Je ne sais plus ce que je fais en ce moment. C'est compliqué. Tout va mal », marmonne-t-il en partant à la recherche du contrôleur. Il sort du wagon. La porte se referme sur cet homme visiblement au bout du rouleau. Submergé par sa vie. Alors qu'il est désormais loin, le téléphone sonne. La femme de la place 52 répond. Le voyage va être long, me dis-je en tentant de m'endormir.

## Dans la gare perdue…
*Vie de train*

DÉCEMBRE, PARIS-MEUSE,
TGV, HUIT HEURES DU MATIN,
SECONDE CLASSE, VOITURE 18, PLACE 23

« Au pire, tu attendras le photographe en prenant un café à la gare », m'avait alors dit Sarah, la rédactrice en chef du journal pour lequel je partais faire un reportage dans différents lieux dans la Meuse. Avant de prendre les billets, nous avions étudié plusieurs possibilités d'arrivée : Metz ou Strasbourg, mais cela ajoutait trop de trajet. La gare de Meuse TGV avait l'avantage de se trouver à équidistance des quatre villages dans lesquels je devais me rendre ce jour-là. Problème : elle était la plus éloignée du domicile du photographe, et le train arrivant à 8 h 32, il fallait qu'il se lève vraiment très tôt pour m'y récupérer. Comme c'était malgré tout le plus pratique, nous avions opté pour ce schéma et l'arrivée dans l'une de ces nouvelles gares situées au milieu de nulle part et qui arborent pourtant le suffixe de la modernité: «TGV». Dans ces gares, au lieu de flâner et de s'attarder, de siroter un café ou d'observer les voyageurs, on passe en coup de vent. Surtout ne pas perdre de temps. Optimiser sa journée et son trajet. Surtout ne pas se laisser gagner par une forme de nonchalance. Toujours plus vite. Rapides comme les éclairs de nos vies frénétiques. Des gares où l'on passe à trois cents à l'heure.

Édifiées pour faciliter le trafic et désenclaver certains territoires, elles sont loin des centres-villes et faites pour être rapidement désertées. Et c'est peu dire qu'en France nous possédons une longue liste de gares modernes: Avignon TGV, Aix-en-Provence TGV, Nîmes TGV, Montpellier Sud-de-France TGV, Belfort-Montbéliard TGV, Besançon-Franche-Comté TGV, Champagne-Ardenne TGV, Lorraine TGV, Massy TGV, Macon TGV, Valence TGV, Haut-Picardie TGV et… Meuse TGV.

Autour du train m'emmenant donc vers la Meuse ce matin-là, flotte une forme de brume électrique. De cette brume froide qui nous fait nous sentir un peu plus à l'abri que d'habitude à l'intérieur de la rame. L'hiver, le train a une saveur particulière. À travers la vitre où un « #NoFilter » est inscrit, la brume est puissante. Enveloppante. Rien qu'à la regarder, un frisson parcourt le corps. C'est un matin froid et ensoleillé. Alors que le roulis nous emporte et que d'ici une heure la gare de « Meuse-TGV » nous attend, l'esprit divague. La phrase du président Macron sur les gares revient à l'esprit. Les toiles de Monet sur la gare Saint-Lazare, symbole de l'émergence de la modernité à l'orée du xxe siècle, également. La gare est alors le centre de la ville. Elle grouille, elle s'agite, elle symbolise l'essor industriel et cette société qui court vers le progrès. Elle est magnifiée par les toiles du maître impressionniste. Autre temps, autres mœurs. Les gares « modernes » sont désormais hors des villes. Comme si, au fond, ce qui faisait la modernité n'était plus la centralité de la gare, mais sa capacité à nous faire perdre le moins de temps possible. Drôle d'époque. Alors que le voyage s'écoule, que je file à trois cents à l'heure vers « Meuse TGV », mon esprit divague encore. Les stades de foot, aussi, ont été envoyés en dehors des centres-villes. À Bordeaux, à Lyon, c'est une tendance que d'envoyer des lieux de rassemblement à la périphérie. L'arrivée approche. Je vais enfin découvrir Meuse TGV. Je ne suis pas déçu.

Le train s'arrête, je descends. Un seul quai. Une cahute en bois en guise de gare. Le photographe m'a prévenu par SMS qu'il serait là à neuf heures plutôt qu'à 8 h 32. J'ai une demi-heure pour prendre ce fameux café. Je cherche l'établissement, les tables, les chaises, les serveurs, les lectrices qui attendent le train, les fous du téléphone qui passent les coups de fil d'avant voyage. Je cherche, mais je comprends vite que le seul café que je pourrais prendre, ce matin-là, est un café lyophilisé au goût de détergent issu d'une machine automatique. Deux euros, tout de même. Je comprends aussi très vite que le seul fauteuil qui pourra m'accueillir est en fait un de ces tabourets en bois qui pullulent un peu partout en France. Le message de Meuse-TGV est clair: « Lève-toi et marche, tu ne crois tout de même pas que tu vas pouvoir prendre ton temps, lire, attendre en rêvassant. La modernité, c'est la vitesse. Le passage furtif. Le temps optimisé. La flânerie n'est pas de ce monde. » Voilà le message que me renvoie cette gare. Comme l'avait fait celle – moderne – mais totalement vide de Montpellier Sud-de-France, alors que j'étais arrivé un peu en avance et que je cherchais un lieu pour m'attabler et grignoter un sandwich. Ce que nous disent ces nouvelles gares, c'est : « Passe ton chemin. Avance. Ne t'arrête pas. Ne stoppe pas le mouvement. » Assis sur mon tabouret de bois, alors que la gare a été désertée jusqu'à l'arrivée du prochain train, je me plonge dans les notes du téléphone où je consigne des idées. Je tombe sur Paul Virilio, philosophe de la vitesse qui écrivait :

> La question de la vitesse est une question centrale qui fait partie de la question de l'économie. La vitesse est à la fois une menace, dans la mesure où elle est capitalisée, tyrannique et, en même temps, elle est la vie même. On ne peut pas séparer la vitesse de la richesse. Si l'on donne une définition philosophique de la vitesse, on peut dire qu'elle n'est pas un phénomène, mais la relation entre les phénomènes.

Alors que mon photographe n'est pas encore là, que mon café machine au goût de détergent est terminé, je songe à cette attente. Ce moment que j'aime tant habituellement. Cette attente apaisante qui donne une forme de but. L'attente qui mobilise nos corps et nos esprits. Elle est si jolie quand elle s'agrémente d'un café, de son ambiance, de son brouhaha et de pensées diverses et variées. Ce matin-là, elle était étrange. En regardant la gare vide, elle était même un peu coupable: «Et si j'étais en train de perdre mon temps» ?

## « On se croirait sur le Titanic »
*Vie de train*

PARIS-MONTPELLIER, TGV,
SECONDE CLASSE, VOITURE 18,
CARRÉ FAMILLE

Il y a des voyages où tout va mal. Ce soir-là, nous avions couru pour réussir à avoir le train. Ce train de la libération qui nous permettrait de souffler pendant trois jours avec les enfants. Il quittait la Gare de Lyon à 19 h 23 et nous étions arrivés juste à temps. À peine étions-nous entrés dans le wagon que les portes se refermaient. Poussettes et valises mises dans les emplacements idoines, nous nous étions tranquillement assis dans le carré que nous avions réservé un peu à l'arrache, mus par la volonté de quitter Paris quelques jours, d'aller voir la mer et de profiter du soleil du Sud. Déjà le rêve du pastis en sortant de l'eau nous gagnait. Trois heures et quelques minutes plus tard, nous serions à Montpellier. Le lendemain, vendredi de RTT, la plage serait à nous. Ce voyage en train devait être celui qui nous permettrait cet instant fugace de bonheur et de temps volé à notre suractivité permanente. « Oui, mon chéri, demain on fera des châteaux de sable, mais en attendant, il faut être sage dans le train. »

Pendant les deux premières heures, rien de particulier à signaler. Le train remplit sa tâche à merveille. Entre jeux pour les enfants, boulot et lecture. Les autres voyageurs sont calmes. Comme si le fait d'avoir pris ce train constituait pour chacun et chacune de nous une forme de sas de décompression. Dans la voiture, des étudiants qui visiblement ont terminé leurs examens et filent vers le Sud, quelques familles qui, comme nous, remercient le gouvernement de Lionel Jospin d'avoir fait voter cette loi sur les trente-cinq heures en 1998, et des solitaires qui vont et viennent entre boulot et domicile. Cette première partie de voyage se déroule sans encombre. Les enfants font des coloriages, les travailleurs travaillent, les rêveurs rêvent. Tout le monde a partagé le repas. En décalé, mais ensemble. D'abord les familles. « Papa, papa, je peux avoir des chips », « Maman, j'ai faim !! » Les parents ont craqué. Chips, sandwichs préparés à l'avance et bonbons en dessert. C'est le week-end, après tout. Les solitaires, ensuite. Après avoir terminé la journée de travail, le bouquin en cours ou le dernier épisode de leur série Netflix, ils se sont rendus au bar pour acheter de quoi se sustenter. Sandwich SNCF, ou plat cuisiné. S'alimenter. Les étudiants, à leur tour, sont allés au bar. Leur nourriture est liquide et ce n'est qu'au bout de deux heures et demie de voyage, vers vingt-deux heures, qu'ils décident finalement de manger.

Sans que cela n'ait de lien, c'est dans ces instants que le voyage va se dérégler. Nous sommes entre Valence et Nîmes. Brusquement, le train ralentit. Il s'arrête. Annonce : « Mesdames et messieurs, le train est arrêté en pleine voie. Merci de ne pas tenter de descendre. » À cet instant, le wagon est calme. Chacun vaque à ses occupations. Cinq minutes. Dix minutes. Nouvelle annonce : « Mesdames, messieurs. Notre train est toujours arrêté en pleine voie suite à un incident. Merci de ne pas tenter de descendre. Nous vous tiendrons informés. » Là, les premiers souffles d'agacement se font entendre. « Pfff, c'est toujours pareil la SNCF… » Nouvelle annonce : « Mesdames et messieurs, deux caténaires sont tombés, entraînant un problème électrique sur l'ensemble des voies du sud de la France. Nous faisons le maximum pour résoudre le problème. Nous circulerons avec au moins une heure de retard. » Stupeur dans le compartiment. Les gens soufflent. Les familles crispent le visage. Cela va être de plus en plus compliqué de tenir les enfants et le début de week-end s'annonce moins agréable que prévu. Le caténaire est pour la SNCF et le voyage en train l'équivalent de l'iceberg pour le *Titanic*. La chose qui fait tout capoter. Même les rêves les plus fous. Certains ne sont pas encore trop perturbés. Les étudiants terminent leur repas. Ils rigolent. Insouciance de la jeunesse. Insouciance de ces années où le temps n'est pas une denrée rare. Non loin de nous, une femme solitaire passe un coup de fil. « Il y a un incident sur la voie. Cela a l'air grave. On a au moins une heure de retard. Je te tiens au courant dès que j'en sais plus, chéri. »

Alors que nous sommes arrêtés depuis quarante minutes, une forme d'agitation fébrile gagne maintenant les voyageurs.

Un couple discute : « Dis à ton père de ne pas venir nous chercher, on prendra un taxi une fois arrivés à Montpellier », suggère la femme. Lui : « Oui, tu as raison. Je vais l'appeler. »

Un travailleur solitaire téléphone également : « Je vais rater la correspondance à Nîmes. Il faudrait donc que tu viennes m'y prendre, mais je ne sais pas à quelle heure. »

Plus d'une heure d'arrêt. Pas de nouvelle annonce. L'impatience gagne : « Et après, ils nous disent que ce n'est pas bien de prendre l'avion… » râle un homme de plus en plus agacé. Au bord de la rupture. Sa jambe bouge frénétiquement. Il se lève, fait les cent pas. Et vient se rasseoir en soufflant. Là, un enfant monte sur la table du carré famille. Son père s'énerve également.

Une heure quarante-cinq minutes d'arrêt. La résignation gagne les voyageurs. Chacun est reparti dans ses occupations. Les étudiants ont un problème : « On va arriver tard à la soirée chez Stéphane », lance l'un deux. Une autre, espiègle, réplique : « On s'en fout, on a toute la nuit. »

Au bout de deux heures d'arrêt en pleine voie, le commandant de bord reprend la parole.

« Mesdames et messieurs, notre train ne pourra pas repartir. » Cris dans la voiture. « Putain, quel bordel !!! » Le commandant de bord continue : « Nous allons donc affréter des bus qui vont venir vous chercher et vous déposer en gare de Nîmes. Là-bas des taxis pris en charge par la SNCF emmèneront les voyageurs à Montpellier. Pour faciliter les montées dans le bus, les personnes âgées et les familles avec enfants en bas âge seront prioritaires. Les contrôleurs vont passer pour organiser cela. Mesdames et messieurs, nous sommes vraiment désolés de ce désagrément et de cet incident. Des enveloppes et des formulaires de remboursement vont vous être distribués. » Notre voisine, stoïque et cinéphile, lance : « On se croirait sur le *Titanic*. »

La déglingue gagne maintenant les voyageurs du wagon. L'homme agacé se lève. Prend ses bagages et lance à haute voix : « Il est hors de question de laisser passer les vieux et les familles. Nous, on travaille. Je m'en fous. » Et il quitte la voiture 18 pour aller se poster devant la sortie.

Les étudiants sortent leur botte secrète : des bouteilles d'Évian. Mais elles sont remplies de Ricard. Ils seront en forme quand ils rejoindront la soirée de Stéphane…

Les familles se demandent dans combien de temps les bus arriveront. Les enfants se séparent en deux catégories : ceux qui dorment (ouf !) et ceux qui sont épuisés et excités… Ils n'ont plus aucun filet et il faut dire qu'après plus de quatre heures dans le train, on les comprend.

« Mesdames et messieurs, les bus sont à quelques centaines de mètres du train. En respectant l'ordre donné par les contrôleurs, et sous leurs consignes ainsi que celles des agents SNCF présents sur les voies, vous allez les suivre pour gagner le car. » Tout le monde se lève. Une femme est seule avec ses deux enfants en bas âge. Elle est descendue du train quand elle s'aperçoit qu'elle a oublié l'une de ses valises. Elle crie. Elle pleure. Revient sur ses pas. Nous demande de prendre soin de son plus grand qui garde les valises pendant qu'avec le petit elle remonte dans le train sous les protestations de celles et de ceux qui veulent descendre. L'homme agacé, lui, est descendu en premier, il court vers le bus sous l'œil ébahi des voyageurs et des contrôleurs trop épuisés et dépassés pour dire quelque chose. Nous atteignons le bus après cinq minutes de marche sur les rails. « Papa, papa, tu te rends compte on marche sur les rails du train, c'est dingo ! » Oui, c'est dingo. Le bus nous tend les bras. Nous y sommes. À Nîmes, la bataille du taxi pour aller à Montpellier commencera. Mais c'est pour plus tard. Et puis, au fond, malgré la fatigue, demain, on est en RTT. Essayons donc de relativiser. Pas loin de moi, l'homme énervé. « Je les ai eus. Je suis bien content ! » lance-t-il.

Un contrôleur est dans le bus. Il s'approche de lui : « Monsieur, vous allez devoir descendre. Une femme seule avec deux enfants va monter dans ce bus. Il serait dommage de devoir appeler la police pour vous sortir. » L'homme n'en revient pas. Il hésite, mais le contrôleur est ferme. Il se lève. Tape dans les porte-bagages, dans les fauteuils, insulte la terre entière. Il sort. Quelques voyageurs applaudissent le contrôleur qui remonte dans le bus. Des fois, tout va mal. Heureusement, la drôlerie est là.

« **Si mon train est annulé,**
**je le prendrais avec philosophie…**
**Enfin, je crois** »
*Vie de train*

## Paris-Bordeaux, seconde classe, voiture 16, place 23

Matin de décembre, en 2019. La France connaît un mouvement de grève puissant. La veille, mon train avait été confirmé. Toutefois, en montant sur le scooter vers 6 h 15 pour me rendre à la gare Montparnasse ce jour où de grandes manifestations contre le projet de loi sur les retraites sont annoncées, j'ai comme un doute sur ma capacité à rejoindre Bordeaux. En arrivant à la gare, ce doute a grandi un peu plus. Sur le parvis, un groupement de manifestants qui distribuent des tracts. Ils préviennent les voyageurs qui, entrant dans la gare, espèrent pouvoir prendre le train malgré tout : « La grève va être très suivie aujourd'hui. Les trains ne vont pas beaucoup circuler. Mais on se bat pour notre avenir collectif. Pas pour des intérêts de classe », lance l'un des syndicalistes CGT en me tendant un tract.

À l'intérieur, c'est plutôt calme. Bien plus, en tout cas, que les matins habituels. La grève dure depuis quasiment quinze jours et les usagers des trains ont visiblement cessé de venir en masse pour voir si un train serait malgré tout roulant.

Toutefois, BFM TV et CNews ont des équipes qui arpentent la gare et font des points en direct avec les présentateurs. Ils font aussi le micro-trottoir classique. Si certains usagers « comprennent » et « soutiennent » le mouvement, d'autres se sentent « vraiment pris en otage » et jugent « que ce n'est pas en faisant grève que l'on obtiendra gain de cause sur les retraites ». En observant, souvenir des grandes grèves de 1995 contre le plan Juppé et de ces mots déjà entendus et rabâchés sur les télés et les radios de l'époque. Comme si rien n'avait bougé. Ni les problématiques sociales, ni les questionnements, et encore moins les micros-trottoirs journalistiques inutiles.

Pendant que je scrute le tableau pour vérifier si mon train est toujours affiché, la gare se remplit. Des badauds s'arrêtent autour du brasero électrique non loin de moi. La discussion s'engage entre deux personnes. Une femme et un homme. Ils ont tous les deux une quarantaine d'années. La femme : « Vous êtes censé aller où ? »

L'homme répond : « En Bretagne, à Rennes, et vous ? »

Elle : « Bordeaux. Il paraît que le train est maintenu. Mais il devrait déjà être affiché. J'ai un mauvais pressentiment. »

Lui : « C'est difficile de savoir quoi penser de ces manifestations. D'un côté, j'ai l'impression que cela fait des années qu'il faut faire cette réforme et que de toutes les façons elle sera mauvaise pour nous car le système s'effondre. De l'autre, je me dis que les grévistes ont raison de ne pas céder sur notre modèle français. Du coup, si mon train est annulé, je le prendrais avec philosophie, je crois. »

Alors que les voyageurs en attente se pressent autour du brasero, que la bataille pour s'en approcher toujours plus et avoir plus chaud fait rage, la femme poursuit la discussion : « J'ai surtout peur pour mes enfants. Si déjà, et je vous rejoins, nous craignons, nous, pour notre situation une fois à la retraite, je ne vois pas comment eux pourraient vivre bien. Mon grand-père a participé au Conseil national de la résistance. Mon père était un militant socialiste convaincu. J'ai l'impression que leur monde s'éteint complètement. »

Il la dévisage avec empathie. Autour du brasero, les passagers putatifs semblent écouter chacun des arguments. Certains acquiescent. D'autres pouffent. Comme pour se moquer. L'un d'eux lance : « Non, mais sérieux, pourquoi ils emmerdent les travailleurs ? » Les gens tournent leur attention vers lui. Ne réagissent pas vraiment. L'homme et la femme se regardent avec un sourire complice.

Tout le monde est un peu résigné. Entre acceptation et révolte. Dans une forme de léthargie.

À quelques encâblures de là, BFM TV continue ses directs. Otages ou pas otages. « Un TGV sur cinq seulement pour aujourd'hui, vient d'annoncer la SNCF. C'est une journée plus difficile que celle d'hier pour des usagers qui commencent à craquer », assure l'envoyée spéciale de la chaîne.

Une agitation se fait sentir autour du brasero. « Et voilà, je ne peux pas partir », lance une dame avant de s'avancer vers le point info mis en place par la SNCF. Le panneau a délivré de nouvelles informations. Le train pour Rennes circulera. « Bon, on dirait que je vais pouvoir aller en Bretagne », dit l'homme. Elle réplique : « Oui. Je vous souhaite un bon voyage. Merci de cette discussion. » Il sourit avant de faire rouler sa valise et de se diriger vers le train. La femme, elle, comme moi, devra aller au point info et voir quelle procédure suivre pour le remboursement des billets. Le train pour Bordeaux est finalement annulé.

Doit-on dire « tous ensemble, tous ensemble » ou bien lancer, comme ce voyageur excédé, « J'en ai vraiment ras le bol des gauchistes ! » ? La question est toujours présente au moment de prendre le scooter pour rentrer au bureau. Train annulé, reportage reporté, questionnement aiguisé. Les grévistes s'insurgent, cette fois, contre la réforme des retraites qui viendra aligner le statut des cheminots sur celui du régime général. Mais hier, ils se battaient aussi contre la privatisation toujours plus grande de la SNCF, cette course au profit qui implique de supprimer les petites lignes non rentables qui permettaient pourtant à de nombreuses personnes de se déplacer et de ne pas se sentir enclavées. Et si ces grèves étaient le symbole d'un monde à la dérive qui ne sait plus quelle doit être sa voie ? Entre modernité et praticité pour les populations, entre profit et humanité, entre court terme et long terme.

Ironie de l'histoire, alors que nous mettions la dernière main à ce livre, le gouvernement de Jean Castex annonçait la mise en place d'un grand plan de relance du fret ferroviaire. Un transport de marchandises plus écologique que la route, qui a été abandonné par les gouvernements successifs depuis 1974. À cette époque, la proportion de marchandises expédiées par rail était de 46 %, contre 9 % aujourd'hui. Depuis les années 1980, les investissements de structure ont été consacrés essentiellement aux lignes à grande vitesse[1]. Et le fret, abandonné. Avant-hier, des grévistes déjà avaient alerté. Ils furent caricaturés. Parce qu'ils refusaient la modernité. Et si on tentait de s'écouter à nouveau ? Comme cet homme et cette femme qui discutaient sereinement autour du brasero.

1. Voir Tiffen Clinkemaillié.

## La nuit roulante
*Vie de train*

### Paris-Toulouse, TER 3731, voiture 8, place 76, couchette inférieure

Ce soir-là, j'ai l'impression d'être un résistant. De faire quelque chose d'inédit et aux antipodes des canons de nos sociétés actuelles. Quelque chose qui me replonge en enfance. Et qui m'emmène sur les rives de l'onirisme et de cette fascination pour les trains mythiques : Orient-Express, Transsibérien, etc.

Ce soir-là, je vais prendre un train de nuit pour aller à Toulouse. « Mais tu vas perdre ton temps, pourquoi tu n'y vas pas en avion ? » m'a d'ailleurs lancé un ami quand il a su que je partais en Intercités de nuit. S'il savait… J'aurais dû lui dire de venir avec moi. Peut-être lira-t-il ces lignes…

Ce soir-là, donc, j'arrive à la gare d'Austerlitz à 21 h 25. L'atmosphère est calme. Pour les agents SNCF qui contrôlent les billets, c'est la routine, ce départ fait partie du quotidien. Pour nous, voyageurs, c'est rare, exceptionnel ; pour moi, à l'âge adulte, c'est inédit. Pour aller en reportage le lendemain, je vais passer la nuit dans le train. C'est un choix. Plutôt que de me lever aux aurores et de prendre l'avion. Cette ligne de train de nuit Intercités entre Paris et Toulouse est l'une des deux dernières de France. On l'appelle parfois « La Palombe bleue » en référence à la mythique cousine qui reliait Paris à Tarbes et à Hendaye, fermée en 2017.

Avant de monter dans le train, les futurs dormeurs roulants grillent une dernière cigarette, font la causette sur le quai, parlent avec les contrôleurs. Tout est langoureux. Soyeux. Rien n'est fait dans la précipitation. Saisissant contraste avec les trains pris dans la journée.

En montant à bord, un petit couloir, et trois types de « couchage », selon que l'on est en première, en seconde ou en fauteuil. En première classe, les cabines comptent quatre voyageurs, en seconde, six, et sinon, il y a les fauteuils inclinables, comme dans les avions. Pour chaque voyageur : un pack voyage qui comprend une couverture, une bouteille d'eau, des bouchons d'oreille et des lingettes nettoyantes.

L'annonce retentit : « Mesdames, messieurs, bonsoir. La SNCF et votre chef de bord de l'équipe Intercités vous souhaitent la bienvenue dans le train numéro 3731 à destination de Toulouse Matabiau. Il desservira les gares de Les Aubrais-Orléans, Montauban ainsi que Toulouse Matabiau, son terminus. Nous vous rappelons que ce train est non-fumeur, y compris dans les toilettes. Pour la tranquillité de tous, nous vous demandons de passer vos appels téléphoniques sur les plates-formes. »

Petit à petit, mes congénères de voyage prennent place. C'est une foule bigarrée. Ici, des touristes américains, là des Sud-Américains, ici des hommes et des femmes seuls, probablement en voyage, comme moi, pour le travail, là quelques jeunes étudiants joyeux de se retrouver et de partir ensemble de nuit. Alors que le départ approche, nous avons trouvé notre couchette. En première. Nous sommes quatre. Deux femmes et deux hommes. Les femmes se connaissent. Elles ont cinquante-quatre et cinquante-trois ans, et descendent à Toulouse rejoindre une troisième amie pour partir ensuite en randonnée dans les Pyrénées pendant une semaine. Elles font cela chaque année. Elles sont sportives. La cinquantaine éclatante. On les imagine sans peine managers dans le public ou le privé, tenant la dragée haute aux hommes. L'une s'appelle Maric-Anne, l'autre Chantal. Je discute avec Marie-Anne. Elle est filiforme, cheveux noirs. Séduisante. Par certains aspects, elle me fait penser à Victoria, l'héroïne envoûtante du *Système Victoria*, d'Éric Reinhardt. Elle a un doux accent du Sud. On échange. Les livres, Cuba. Elle fume le cigare. Des passerelles entre passagers naissent. Son amie, elle, discute avec Philippe, l'autre occupant de mon compartiment couchette. Nous faisons doucement connaissance les uns avec les autres. C'est doux. Sensuel, aussi. C'est inattendu. Comme si nous nous étions trouvés par hasard, sans nous connaître, dans le salon d'un ami commun (le train, ici) et que nous nous rendions compte à quel point il était logique d'y être tous ensemble.

Alors que mes acolytes de voyage s'installent pour dormir ou pour lire, je n'ai pas envie de m'allonger tout de suite.

Je sors donc de la cabine. Je me balade dans le train. Je croise le contrôleur. Nous discutons. « J'aime l'ambiance de ce train de nuit. Les gens sont différents. Il y a des histoires folles qui s'y passent », confie-t-il. Je l'interroge. Il se défile un peu. Puis lance : « Je me souviens d'une fois où en entrant dans un compartiment, l'un de mes collègues était avec une femme. Dans la couchette. » Il enchaîne : « Je me souviens de ces deux personnes qui prenaient toujours le train du dimanche soir entre Toulouse et Paris et qui ont mis un an à se parler vraiment et qui, finalement, se sont mariées. » Il termine : « Au moins une fois par mois, je m'amuse en parlant avec des étudiants, des voyageurs, des solitaires. Nous partageons un verre. Il y a toujours un compartiment où l'apéro est servi. On discute de tout et de rien. C'est la vie. »

Même dans mes souvenirs d'un voyage de nuit pour me rendre à l'UCPA et où, alors adolescent, j'avais fait moi aussi connaissance avec des filles, le train de nuit n'était pas aussi agréable. Je trouve le compartiment où les étudiants joyeux boivent un verre et jouent aux cartes. Je trinque avec eux. Le temps est suspendu, et pourtant il file. Déjà deux heures et demie de voyage. Il est plus de minuit. Je prends congé et me dirige à nouveau vers ma cabine. En chemin, je recroise le contrôleur. « Alors, vous, vous êtes un esthète, vous aimez ce que vous découvrez ou redécouvrez », rigole-t-il avant de me souhaiter bonne nuit. Ce que je redécouvre ? Le fait de maîtriser le temps. Le fait de ne pas être en stress. De ne pas voir tout le monde courir partout. Le fait de ne pas déambuler dans un train où tout le monde est sur son écran.

Je rentre dans la cabine. Philippe et Chantal sont assoupis. Marie-Anne lit encore sur sa tablette. « C'était bien, ce petit tour d'horizon ? » me demande-t-elle. Je lui explique alors mon ressenti. Je lui parle de cette sensation de plénitude qui me gagne alors que je me balade dans le train, que je prends le temps d'écouter le contrôleur, des gens avec qui je noue un lien bref. J'évoque cette impression d'être un peu hors du temps. Dans un temps choisi. Dans un moment particulier. Elle me dit qu'elle comprend. Que c'est ce qu'elle aime elle-même dans ces voyages. Elle conclut, avant de se retourner pour dormir : « Vous verrez, les rêves aussi sont différents. » La promesse est belle.

Je m'allonge, branche les écouteurs sur mon téléphone, le roulis du train commence à me bercer. Je choisis d'écouter *The Köln Concert*, de Keith Jarret. La sensation d'envol, d'apesanteur que je ressens dans ce train est la même que celle qui m'étreint à chaque écoute de ce disque magnifique et indispensable. Ce concert totalement improvisé par Keith Jarret, alors qu'il avait failli ne pas jouer car le piano ne lui plaisait pas, ressemble, de par ses envolées, ses temps calmes et ses ralentissements, à ce voyage en train. Plein de possibles, plein de joie, d'entrain, de plaisir diffus. Alors que le sommeil me gagne, les notes mélodieuses du *Köln Concert* résonnent. La rêverie prend le dessus. Elle est joyeuse, poétique, humide.

Le train marquera deux arrêts. Je m'éveillerai, un peu. Pour entendre le souffle de mes compagnons de voyage. Puis je m'endormirai à nouveau.

Il est six heures. Nous sommes à Toulouse. Quelques minutes auparavant, nous nous étions éveillés. Philippe m'a confié être un habitué de ce train car « les moments vécus sont toujours plus intenses. Comme tout ce que l'on fait la nuit d'ailleurs ». Chantal est mal réveillée. Marie-Anne, elle, est vaillante. En pleine forme. Elle aussi est une habituée. « J'aime ce côté un peu enfantin, On peut rencontrer des personnes au détour d'un couloir, quand on n'arrive pas à dormir, ou même se raconter les histoires que l'on imagine vivre dans ce genre de train. » Elle nous salue et s'apprête à descendre.

C'est à regret que je sors de ce train. À regret que j'y laisse les mots, les rêves, les histoires folles racontées par le contrôleur, les étudiants insouciants, le temps volé (encore) à la frénésie. Quelques jours plus tard, alors que ce voyage était toujours dans ma tête, un papier de France Inter en fait l'éloge : « Et si c'était enfin le retour du train de nuit[1] ? » Le journaliste insiste sur l'Allemagne qui réactive toutes ses lignes de nuit, sur le fait que c'est un moyen de transport écologique et mieux adapté aux exigences d'aujourd'hui que l'avion.

Les arguments sont justes. Affûtés. Indiscutables. Le journaliste oublie tout de même l'essentiel : voyager dans un train de nuit, c'est surtout s'accorder du temps pour soi, pour l'imprévu et l'improvisé. « C'est du temps de vacances en plus », vantait même la SNCF quand elle mettait en avant ces trains et non les Ouigo.

1. Voir Maxime Debs.

Alors, en attendant ce retour éventuel du train de nuit – que même le président de la République a souhaité voir advenir lors de son intervention du 14 juillet 2020, sans que les actes ne suivent réellement –, nous y retournerons, c'est certain.

## Un long dimanche de TGV
*Vie de train*

### MONTPELLIER-PARIS, TGV,
SECONDE CLASSE, VOITURE 16, PLACE 22

À la différence des TGV de semaine où le roulis berce le voyageur, le TGV du dimanche soir est un TGV animé. Il est bruyant. Pas étonnant. Car, quand il revient du Sud pour rejoindre la capitale, il est bondé. Celui de dix-sept heures en particulier puisqu'il assurera aux familles de ne pas regagner trop tardivement leurs pénates parisiens. Car, oui, les familles sont les principaux voyageurs de ce TGV du dimanche soir. Elles ne sont pas seules, évidemment. Un nombre non négligeable d'étudiants remontent à Paris après avoir rendu visite à leur famille ou, pour certains d'entre eux, après avoir été faire la fête. D'ailleurs, pour ces derniers, dix-sept heures, c'est le matin… Ils ne sont pas vaillants. Les uns sombrent dans un sommeil assez profond, les autres s'abreuvent de séries sur Netflix, certains jouent à Candy Crush, les derniers tentent péniblement de réviser des cours.

Dans ce TGV de dix-sept heures du dimanche soir, il y a aussi les amoureux. Ils ont passé le week-end à la mer. Ils ont pris quelques coups de soleil. Ils se bécotent doucement. Ils font des projets : « Chéri, on fait quoi pour le week-end de la Pentecôte ? »

Prendre le TGV de dix-sept heures pour rentrer chez soi, c'est se mettre doucement dans l'acceptation de la fin du week-end. C'est accepter que ce moment en famille, en amoureux, entre amis se termine. Parfois, surgit le souvenir d'une étreinte, d'une blague du plus petit, d'un bain de mer exquis, d'une dispute familiale qui vient rappeler – une nouvelle fois – que l'on ne s'entend pas, mais que l'on continue à se voir parce que c'est « la famille ». Et, de temps à autre, le sentiment d'avoir vécu avec les amis un instant fugace de bonheur. Dans ce moment passé ensemble, tout était parfait. Le repas, les sourires, les mots, les échanges. Cela a duré un peu plus de quarante-huit heures, et on a l'impression que ce furent seulement quelques minutes partagées ensemble tellement nous étions bien. Les bagages de notre TGV du dimanche soir contiennent tout cela. Plus les soucis du lendemain qui viennent nous dire que – oui – ils seront bien présents.

Tiens, d'ailleurs, la femme là-bas, sur son carnet, fait sa *to-do list* de la semaine tandis que son mari gère le bébé. Elle ne s'y est pas mise tout de suite. Elle a d'abord donné le biberon à sa fille, a discuté avec son mari, a lu. Maintenant que le voyage est bien lancé, qu'elle a repoussé le plus longtemps possible ce moment, elle fait la liste, non pas de ses envies, mais de ses contraintes. De ces choses qu'elle devra accomplir pour son entreprise, pour son manager, pour ses équipes, pour sa famille, pour son mari – pour elle si elle a le temps. Charge mentale quand tu nous tiens…

Dans ce train du dimanche soir, va se tenir un petit spectacle. Celui du voyageur sans billet. Il est installé place 12, écoute de la musique assez fort, et lit *Père riche, père pauvre: ce que les parents riches enseignent à leurs enfants.* Alors que nous venons de quitter la gare de Nîmes, les deux contrôleurs se présentent dans la voiture. «Mesdames et messieurs, bonjour, contrôle des billets s'il vous plaît.» Les passagers obtempèrent. Les uns avec des billets cartonnés à l'ancienne compostés à la borne jaune de l'entrée du quai, les autres avec leur téléphone, certains avec les feuilles A4 imprimées de leur réservation en ligne. Le dernier est le voyageur qui rêve de devenir riche. Le contrôleur lui demande son billet, il fait mine de le chercher. Dans les poches de son jean, dans son blouson, dans son sac à dos, dans sa valise, il ne trouve rien. «Je l'ai pris, mais j'ai l'impression que je l'ai perdu», tente-t-il. Tous les voyageurs sont maintenant tournés vers la scène. Les uns attendent la sanction. Cette amende qui viendra rendre justice et qui les légitimera dans le fait d'avoir payé leur billet. Les autres espèrent secrètement que le «fraudeur» va réussir à s'en tirer sans encombre. Le suspense est à son comble. «Écoutez, monsieur le contrôleur, vraiment je ne comprends pas. Je l'avais en montant dans le train, sinon je n'aurais pas trouvé ma place.» Le contrôleur reste stoïque. Inébranlable. Il a la Loi pour lui. «Monsieur, je n'ai pas à écouter, mais à vérifier votre billet. Soit vous me le montrez maintenant, soit je serai dans l'obligation de verbaliser», affirme-t-il avec l'assurance des hommes et des femmes en uniforme. L'homme cherche encore. Il se penche entre les fauteuils, sous les fauteuils, comme si la magie allait lui donner un billet. « Bon, monsieur, je ne peux pas attendre tout le voyage, si vous n'aviez pas de billet, vous auriez dû nous le dire quand nous sommes passés la première fois, nous aurions pu arranger les choses, mais là, manifestement vous avez voulu resquiller. » L'homme proteste. Mollement : « Mais non, je l'avais vraiment. J'ai été aux toilettes tout à l'heure, peut-être est-il tombé là-bas. Je peux aller voir ? » Refus du contrôleur. « Arrêtez un peu vos histoires. Cela fera cent cinquante euros d'amende ». L'homme peste. S'insurge contre la SNCF, contre le prix exorbitant des billets. Il rend finalement les armes et tend sa carte bleue au contrôleur. « Merci monsieur, bon voyage », conclut le contrôleur. Le spectacle est terminé. Notre passager reprend sa lecture. La richesse, pour lui, ce n'est pas encore pour aujourd'hui. Alors que le train était silencieux et concentré sur la scène, le bruit de fond reprend.

Mon attention se porte sur une famille de quatre. Le plus petit a six ans maximum. Il s'appelle Sacha. Il est accroché à sa grande sœur. Elle a une dizaine d'années. Elle s'appelle Sarah. Sacha la regarde comme la septième merveille du monde. Pour lui, sa grande sœur, c'est le centre du monde. Ses yeux pétillent quand celle-ci lui donne un dessin qu'elle vient de faire. « Tiens, c'est pour toi », lui dit-elle. Puis elle se met à lire. « Tu me racontes l'histoire ? » demande Sacha. Et Sarah se met doucement à lire. « Pas trop fort, Sarah, ne dérange pas les gens », alerte la maman qui, elle aussi, lit. Son livre : *Ces rêves qu'on piétine*, de Sébastien Spitzer. Dedans, il est question de Magda Goebbels, cette femme qui avec son mari, Joseph Goebbels, préféra sacrifier ses propres enfants plutôt que d'être arrêtée. L'histoire tranche avec la quiétude de Sacha et de Sarah. Le mari, lui, a le look d'un psychiatre new-yorkais. Il ressemble à Robin Williams dans *Will Hunting*, barbe et pantalon en velours. Il écrit sur un cahier Moleskine noir. De temps à autre, il regarde ses enfants. De la fierté dans les yeux. De l'amour, surtout. Cet amour incommensurable et débordant du père. Amour parfois difficile à dire et à partager.

Dans ce tableau idyllique de la famille que l'on imagine vivre dans un appartement haussmannien du cinquième arrondissement et écouter du Bach, un accroc : l'homme et la femme ne s'adressent quasiment pas la parole. Comme s'ils étaient fâchés. À moins que ce ne soit la mélancolie du dimanche soir… Comment savoir ?

Aux antipodes, le charme du train va encore frapper. Dans l'autre carré famille. Ils sont quatre aussi. Tous les quatre en jogging. Les enfants sont un peu plus âgés. L'aîné est adolescent, il a son iPhone, le casque sur les oreilles et mâche un chewing-gum. La fille a une dizaine d'années. Elle dessine. La maman regarde Netflix sur son iPad. Je crois reconnaître la série *Toi, moi, elle*, qui propose une réflexion un brin gnangnan sur les frontières du couple et le poly-amour. Lui oscille entre des jeux sur son téléphone, la lecture du *JDD*, puis de *L'Équipe*. C'est au moment où il repose le quotidien sportif que la magie du train opère. L'homme aux airs de Robin Williams dans *Will Hunting* pose son stylo en hâte comme s'il avait attendu longtemps ce moment. Il s'adresse à l'autre homme : « Excusez-moi, je peux vous emprunter *L'Équipe* ? Je voudrais lire les pages rugby.

— Oui, bien sûr. Je vous comprends, ça fait du bien de se remémorer cette belle victoire des Bleus. Ça faisait longtemps », lance-t-il à son congénère en lui tendant *L'Équipe*. Ils continuent de parler. Ils ont à peu près le même âge. Des vies très différentes, à n'en pas douter. Mais ils sont passionnés de rugby. Ils évoquent leurs souvenirs. L'essai du bout du monde de Serge Blanco en 1987[1], celui de Jean-Luc Sadourny, en 1994[2], qui lui ressemble. Les errements des dernières années. Un autre homme prend part à la discussion. Les Bleus pourront-ils gagner un jour la Coupe du Monde ? « On va d'abord tenter de gagner le Tournoi, ce sera déjà pas mal », conclut, philosophe, notre Robin Williams du TGV. Le silence se fait à nouveau. Le train et le sport ont rassemblé des hommes épars. Ils ont parlé pendant plus de quinze minutes et ont bien rigolé ensemble.

La dernière famille qui attire l'attention n'est pas dans un emplacement réservé de quatre places. Mais sur deux rangées l'une derrière l'autre. C'est une famille recomposée. Lui est avec son fils. Il est plus âgé

1. Face à l'Australie.
2. Face à la Nouvelle-Zélande.

qu'elle, assise, derrière avec sa fille. Il a quasiment cinquante ans. Un fils de dix-sept ans. Elle a une petite quarantaine. Une fille de dix ans. Mon oreille traîne encore. La fille dit à sa maman : « Tu sais, je n'ai pas tellement envie d'aller chez papa cette semaine. » La mère la serre dans ses bras et réplique doucement et tendrement : « Je te l'ai déjà dit. Je ne veux pas entendre ça. Tu le sais bien. Je n'aime plus ton père d'amour, mais c'est un homme et un papa génial. » La fille hoche la tête. Un peu triste. Perdue… Mélancolique… Un dimanche soir dans un TGV qui nous ramène vers la réalité. Vers ce quotidien qui nous rattrape. Vers les béances de nos vies. Ces béances que l'on remplit par des moments de bonheur en week-end ou en regardant du rugby.

Tiens, d'ailleurs, en sortant du train, le Robin Williams et le lecteur de *L'Équipe* se tapent sur l'épaule et se lancent en rigolant : « Allez les petits ! » à la façon du célèbre commentateur Roger Couderc. Fraternité du train et du rugby. Un bon remède à nos mélancolies du dimanche soir.

## « Dis-moi comment tu manges, je te dirai qui tu es »

*Tics de train*

### PARIS-AIX-EN-PROVENCE, TGV, SECONDE CLASSE, VOITURE 8, PLACE 72

Quand il s'agit de manger, les Français, en général, ne font pas les choses à moitié. Quand il s'agit de manger dans un train, non plus. Prendre le TGV à 11 h 36 permet d'en prendre un peu plus la mesure. « Dis-moi ce que tu manges, je te dirai qui tu es », écrivait en 1825 le gastronome Brillat-Savarin dans son ouvrage *La Physiologie du goût*, pour souligner le lien étroit entre ce que nous mangeons et nos personnalités. Ce jour-là, dans le TGV, deux siècles plus tard, peut-être aurait-il écrit : « Dis-moi comment tu manges dans le TGV, je te dirai qui tu es. » Clairement, des différences apparaissent vite. Très vite. On discerne des tribus de mangeurs. Ce ne sont pas les mêmes qu'ailleurs. Ou pas tout à fait. Elles ne se distinguent pas seulement dans ce qu'elles mangent ou non (omnivore, végan, etc.), mais aussi dans la façon dont elles le mangent.

Dans ce TGV de 11 h 36, il y a la tribu des prévoyants. Parmi eux, cet homme qui – avant de monter dans le train – est allé chez Paul. Il s'installe à sa place. Il est en costume noir, chemise blanche, cravate noire. Façon chauffeur Uber. Avant d'ouvrir son ordinateur et de se mettre à travailler, il a inspecté le contenu de son sac Paul. Bilan : un sandwich aux graines de pavot, une salade et un flan. Une bouteille d'eau gazeuse. Il a l'air satisfait.

Ou encore cette femme qui, une fois montée dans la rame, installe ses affaires, attend quelques minutes que le train démarre et d'un coup se lève. Direction le bar. Son but : « éviter la foule ». C'est ce qu'elle a dit à sa compagne de voyage qui l'interpellait sur ce qu'elle allait faire au bar si tôt. La femme prévoyante en tailleur gris clair lui demande : « Tu veux que je te prenne quelque chose, comme cela après on est tranquilles ? » La compagne de train se laisse tenter. « Oui, OK, bonne idée. Prends comme pour toi. » La femme prévoyante sourit et part vers le bar. Quelques instants après, elle revient. Heureuse. « Et voilà, le tour est joué. Il n'y avait personne. Je devais être la première cliente ! J'ai pris des salades, des yaourts et un cookie à partager. Il avait l'air trop bon. » Elle est ravie. Maintenant, elle peut se poser tranquillement dans le train, travailler, lire, dormir, discuter, et dès que son estomac gargouillera, elle pourra déjeuner sans attendre.

Toujours chez les prévoyants, encore plus impressionnant, cet homme, la cinquantaine. En costume sans cravate. Qui a prévu son déjeuner. Et il ne rigole pas. Quiche lorraine maison. Elle est onctueuse. Petite salade de tomates et de concombres pour l'accompagner. Summum de la prévoyance : un petit paquet en aluminium dans lequel il a mis du sel et du poivre qu'il saupoudre sur son déjeuner. Un professionnel. Équipé d'un décapsuleur pour ouvrir sa bière artisanale, BapBap Originale. Professionnel doublé d'un esthète. Pour terminer, une petite Thermos de café et une pomme. Impressionnant. Le moment du repas a été exécuté comme dans une forme de ballet. Hors de question pour lui de manger du prêt à manger. Même dans un TGV, on a le droit de se faire plaisir. Il range son attirail de repas nomade dans son sac en toile et se met ensuite à travailler. Efficace.

Évidemment, tout le monde n'est pas prévoyant. C'est la deuxième tribu. Celle que l'on pourrait surnommer les « On trouvera bien un truc ». Parmi eux, deux spécimens. Cet homme qui, vers treize heures, alors qu'il était plongé dans sa note à terminer pour le rendez-vous de l'après-midi, sort de sa torpeur, se lève et part au bar pour manger. Il va forcément faire la queue. Les femmes prévoyantes, elles, se délectent de leurs salades et l'odeur de leur repas donne faim à tout le monde. C'est d'ailleurs souvent comme cela. Dès qu'une personne commence à manger dans la voiture, petit à petit, les autres voyageurs, par mimétisme et parce que les odeurs leur ont fait envie, se mettent également à manger. Parfois, il est frappant de voir la vitesse d'ingurgitation. En mode TER pour les uns, en mode TGV supersonique pour les autres. Il ne s'agirait tout de même pas de prendre le temps de manger.

Et, deuxième spécimen, la geek à côté de moi. Elle a trente-cinq ans environ, porte une jupe noire, un chemisier blanc, et des baskets Veja noires. Depuis le début du voyage, elle travaille dur. Ordinateur en surchauffe et coups de fil depuis sa place après m'avoir demandé si cela m'ennuyait. Elle semble travailler dans le marketing. Elle se rend à Aix-en-Provence pour un séminaire. De temps à autre, elle fait des pauses pour aller sur son Facebook, son WhatsApp, son Télégram, son Tinder, et surtout sur son compte Instagram. Elle a d'ailleurs posté tout à l'heure une photo de son ordinateur devant la vitre du train. « Office du moment », a-t-elle titré le cliché. Oui, j'ai regardé par-dessus son épaule. C'est parfois ce que font les voisins de TGV (voir la chronique « Mes chers voisins »). Elle se remet à travailler. Vers 13 h 30, alors que quasiment tous les passagers du wagon ont grignoté, elle prend son téléphone, va sur une application, fait une sélection, puis elle se remet à travailler. Quoi, on ne m'a pas prévenu, on peut commander des sushis dans le train ?

Quelques petites minutes plus tard, un homme de la SNCF avec un T-shirt rose et gris entre dans le compartiment. Il annonce : « Voici le repas de Stéphanie, place 73. » Elle lève la main. Il lui donne son repas. Les yeux des autres passagers, et notamment les miens, sont écarquillés. Donc, désormais, on peut être dans la tribu des « On trouvera bien un truc », ne rien prévoir et se faire livrer la nourriture à sa place sans aller jusqu'au bar et surtout sans faire la queue. Modernité quand tu nous tiens…

Pour être vraiment complet, il convient enfin de signaler la présence d'une tribu très minoritaire. Celle des « jeûneurs ». Dans la voiture, complète ce jour-là, ils sont deux. Ils n'ont rien mangé. Ont lu, travaillé ou dormi durant tout le trajet. Et alors que le train entre en gare à Aix-en-Provence aux alentours de 14 h 46, ils ont sauté le repas.

« Dis-moi comment tu manges dans le TGV, je te dirai qui tu es »…

## Rencontre inattendue
*Transports amoureux*

### Paris-Avallon, TER, seconde classe

« Ça n'arrive que dans les films ou les bouquins. » C'est ce que je disais quand on me racontait des rencontres fortuites en train qui conduisaient à une histoire d'amour ou qui mettaient sur les rails un ancien amour. L'un des livres que j'aime raconte d'ailleurs cela. Dans *06 h 41*, Jean-Philippe Blondel imagine que son narrateur se retrouve assis en face de son amour de jeunesse. Celle avec qui il avait finalement décidé de ne pas faire sa vie. Situation cocasse, gênante, et qui amène à l'introspection. L'histoire, ici, est un peu différente. Alors que je suis tranquillement installé dans le TER qui doit m'emmener en Bourgogne *via* les jolies gares de Sens,

Joigny, Laroche-Migennes, Vermenton, Cravant-Bazarnes, Sermizelles-Vézelay, Arcy-sur-Cure, etc.

Jusqu'à Sens, le trajet est normal. La douceur du TER qui cahote délicatement sur les rails fait passer le voyageur en mode *slow*, façon de vivre qui colle parfaitement à la Bourgogne. Cet endroit chaleureux où il fait bon vivre et où le temps devient un allié plutôt qu'un adversaire. C'est en gare de Sens que le voyage va prendre un tout autre sens, justement. Quelques voyageurs montent. Une femme attire directement mon attention. Son visage me dit quelque chose. Je la connais, c'est certain. Impossible de me souvenir d'où. Nos regards se croisent. Elle se dit pareil que moi: «Je le connais.» Elle s'arrête à ma hauteur et m'interpelle: «La place à côté de vous est libre?» J'acquiesce. Elle s'assoit. Drôle de sensation. Je la connais, c'est certain. Le train repart. Le silence s'installe. J'hésite entre la possibilité de lui poser la question: «D'où nous connaissons nous?» Elle pourrait mal le prendre. Imaginez que ce soit une fille avec qui j'aurais passé une nuit agréable après une soirée. Elle pourrait ne pas s'en souvenir, *idem* pour moi puisque c'est le cas. Bon, tant pis, je me lance. Espérons qu'elle ne me prendra pas pour un dragueur supra lourd et qu'elle ne me dénoncera pas à la police. Hashtag #balancetonporc.

« Pardon, je m'appelle David Medioni, j'ai vraiment l'impression que l'on se connaît, mais je ne me souviens pas du tout ni d'où ni de comment. Je ne me rappelle pas non plus votre prénom ?

— Je le savais ! Oui, nous nous connaissons, c'est juste. Je t'aide : CM2, école des Muriers à Saint-Maur.

— Cela me rassure, je ne suis pas complètement fou. Je cherche. On était copains ?

— Oui, très.

— Audrey ?

— Banco. C'est bien moi. C'est marrant de se retrouver ici. Que fais-tu dans ce train ?

— Je vais en Bourgogne. Maison de famille. Bon, mais raconte-moi. Ta vie ?

— J'ai quarante ans. J'ai deux enfants. Deux filles. Je suis séparée du père. Depuis un an. Cela n'allait plus du tout entre nous. Sinon, j'ai suivi mon envie. Je suis médecin généraliste.

— Wouaw ! Médecin… Je me souviens que tu en parlais déjà en CM2… Bravo, tu dois être contente. Ma mère dit toujours qu'une vie réussie est un rêve d'enfant devenu réalité à l'âge adulte.

— C'est joli. Cela dit, je ne rêvais pas de divorcer», me lance-t-elle en rigolant.

Audrey, en CM2, c'était mon amoureuse. L'amour n'était pas vraiment réciproque. Elle m'avait plutôt catalogué comme «copain». Nous nous entendions bien, nous jouions beaucoup ensemble. Je lui avais même écrit une lettre d'amour. En CM2! Elle était restée lettre morte. L'année s'était terminée. Elle allait dans un collège, moi dans un autre. Nous ne nous étions plus vus depuis ce temps-là. Nos cercles d'amis n'étaient pas les mêmes. Alors que nous discutons de tout et de rien. De nos chemins de vie, de nos choix, du train, de la médecine, du journalisme, la question de cette lettre restée sans réponse me taraude. Comme nous venons de passer Vermenton et que je descends bientôt, je me lance:

«Je voudrais te poser une question.

— Vas-y, mais dépêche-toi, je descends à Vézelay.

— Tu te souviens de la lettre que je t'avais envoyé à la fin du CM2, où je te disais que je t'aimais. Pourquoi tu n'as jamais répondu?»

Elle pouffe. Elle sourit. Elle reste silencieuse. Le train s'arrête bientôt à la gare de Vézelay.

« C'est marrant que tu m'en parles. Depuis que tu m'as adressé la parole tout à l'heure, je pense à cette lettre. J'ai pensé plusieurs fois t'écrire. Tout au long de mes années de collège, j'ai galéré avec les garçons. J'ai voulu te recontacter. Je lisais ta lettre pour me dire qu'un jour quelqu'un d'adulte m'aimerait comme ça. Comment as-tu pu écrire ainsi en CM2 ? Je pense qu'en la lisant la première fois, je n'ai pas tout compris… Voilà, tu sais tout. Les trains que l'on ne prend pas. »

Je n'ai pas vraiment le temps de répliquer. Le train est à Vézelay. Elle descend. « Salut, à dans trente ans, dans un train ! » lance-t-elle.

« Mesdames, messieurs, nous arrivons en gare d'Avallon, terminus du TER. » Je me réveille. Doucement. Et je descends du train. Quand je vous disais que ce genre de choses n'arrivent que dans les livres !

## Maillot de train

*Vie de train*

Juillet 2019, Paris-Perpignan, TGV, seconde classe, voiture 16, place 32

Ce vendredi en fin d'après-midi, c'est l'affluence des grands jours. Celle des grands événements, celle des moments particuliers. Les grandes vacances sont là. Enfin. Pour ce premier week-end de départ couplé avec le viaduc du 14 juillet, la Gare de Lyon est bondée. Au bout du voyage, le soleil, la plage, le club Mickey, les chouchous de Loulou, les beignets chocolat et l'insouciance folle de l'été. Celle que l'on espère et qui parfois est là, parfois non. En tout état de cause, chacun et chacune s'y prépare et fait tout pour que celle-ci soit au rendez-vous. Cela dès le départ du train actant la libération. Ainsi, alors que je m'installe à ma place, une impression de station balnéaire me gagne. Ici, ce couple de trentenaires a tout prévu. Sur la tablette, une crème solaire Nuxe, une huile de soleil, et deux paires de lunettes de soleil Ray Ban qu'ils ont retirées en arrivant dans le wagon, mais qu'ils remettront une fois le train parti. Toujours se méfier des paparazzi. C'est l'une des règles de l'été.

Une famille de quatre personnes s'installe dans le carré famille. Ils sont tous en bermuda et Birkenstock, les enfants, une fille et un garçon, ont environ douze et neuf ans et sont studieux. Ils travaillent sur leur cahier de vacances Nathan, sous le regard de leur maman qui, elle, a acheté tous les journaux de l'été. De *Elle* à *Marie Claire* en passant par *Voici* et *Closer*. Le mari, lui, lit le dernier opus de Giacometti et Ravenne, les maîtres du polar ésotérique, et jette un coup d'œil régulier à la bouée déjà gonflée et prête à l'emploi, en forme de pneu, qui est en équilibre instable au-dessus de nos têtes.

Évidemment, cette voiture de seconde classe des premiers départs en vacances ne serait pas complète sans une colonie. Ce sont des scouts laïques. Les fameux Éclaireurs de France. Ils ont des petits foulards colorés. Ils sont une vingtaine. Entre dix et treize ans maximum. Ils sont encadrés par un animateur et une animatrice plus âgés. Tout à l'heure, quand ils sont montés dans le wagon, ma voisine, soixante-cinq ans, lectrice de *Notre Temps*, a pesté. « Manquait plus que la colonie. Ça va être horrible, ce voyage. » Je n'ai pas relevé, tout en me demandant quand même pourquoi, à soixante-cinq ans, elle avait choisi de prendre le train un vendredi soir de grand départ en vacances et de week-end prolongé.

Dans la colonie, évidemment, il y a des clans. Celui des garçons qui jouent à la Switch ou à des jeux sur leurs téléphones portables. Celui des filles, qui, elles, sont plutôt occupées à faire des tresses ou à discuter les unes avec les autres. Régulièrement, les animateurs leur demandent de baisser un peu le volume sonore. Elles rigolent, parlent de leurs amoureux et des différents vêtements qu'elles ont emportés. Et enfin le clan des « non-alignés », qui ne sont ni geeks, ni amateurs de cancans. C'est parmi eux que le drame va éclater. Une fille de treize ans, un peu ronde, mange depuis le début du voyage. D'abord des gâteaux, puis des bonbons, et elle boit du Coca. Son voisin, un garçon de son âge se moque un peu d'elle en lui demandant comment elle peut manger tout ça. Il a deux donuts crémeux et appétissants qu'il garde pour plus tard. La fille a bien remarqué ces gâteaux qui lui font de l'œil. Elle a demandé au garçon s'il pouvait lui en donner un morceau. Il a refusé en lui expliquant qu'elle avait assez mangé et qu'il voulait garder pour lui ses deux donuts faits par sa maman. Quelques minutes plus tard, il en a mangé un en en rajoutant un peu dans le pourléchage de babines pour faire enrager sa voisine. Elle a encaissé. Sans broncher. Préparant, peut-être, sa vengeance. À un moment du voyage, le garçon se lève pour aller parler avec quelques-uns de ses copains et se rendre aux toilettes. Regardant furtivement autour d'elle, la fille pique le donut et l'engloutit. Je l'ai vue. Je suis le seul dans le compartiment. Elle se régale. Le garçon revient. S'installe et se repose un peu. Il ne se rend pas compte que le donut a disparu. Problème : à un moment donné, il veut le manger. Et là, c'est le drame, le petit paquet est vide. Il accuse tout de suite sa voisine : « Putain, tu fais chier, tu m'as bouffé mon donut ! Espèce de grosse ! » Elle réplique, au bord des larmes : « Mais arrête de m'accuser, ce n'est pas moi. Tu as mangé les deux tout à l'heure. » Il réplique : « En plus d'être grosse, t'es une mytho. » Elle se met à pleurer. À chaudes larmes. Les animateurs rappliquent. Tentent de comprendre l'histoire. Ça crie. Ça hurle. Ils s'en prennent à la fille. Lui disent que ce n'est pas possible de faire des choses comme ça. Elle pleure encore plus fort. Elle jure – plusieurs fois – que ce n'est pas elle. Leur courroux arrive donc au garçon qui « n'a pas le droit de traiter ses camarades de gros ». Au bout de quinze minutes de crise, ma voisine se lève et hurle littéralement : « Bon, ça suffit maintenant votre raffut. On s'en fout de ce donut. Et vous, les animateurs, vous êtes encore plus nuls que les gamins. » Tout le monde se calme. Efficace, la mamie !

La petite fille ronde s'arrête de pleurer. Elle me regarde. Semble me remercier de n'avoir rien dit. Le voyage se poursuit. Entre cris, chamailleries et bouée qui tombe plusieurs fois sur la famille, mais aussi sur d'autres passagers qui le prennent avec philosophie. Après tout, c'est les vacances. On aurait presque pu se mettre en maillot dans le train et se croire sur la plage. Cela d'autant plus que la musique ultra-forte des étudiants du fond de la voiture nous accompagnait comme quand un groupe de mélomanes s'installe à deux pas de notre serviette. À quand la piscine dans le TGV ?

## Les amoureux des places 52 et 53

*Transports amoureux*

### DÉCEMBRE, BORDEAUX-PARIS, TGV, SECONDE CLASSE, VOITURE 17, PLACE 33

C'est un train matinal. Très matinal. Le vendredi des vacances scolaires de Noël. Je reviens d'une conférence donnée à Bordeaux. Il n'y a quasiment personne dans ma voiture. Je m'installe. J'oscille entre le travail et le sommeil. Mais autre chose attire mon attention. Ils sont deux dans un carré famille. Place 52 et 53. Elle est blottie contre lui. Sur la table, des livres, des journaux, une bouteille d'eau. Il porte un T-shirt Sciences Po Bordeaux. Ils sont amoureux. Profondément. Leur amour est naissant. Ils se regardent, se touchent, s'embrassent. Ils ont besoin de ce contact. La vision de ces deux tourtereaux est joyeuse. Mélancolique, également. Elle renvoie à nos propres amours.

À celles passées. Entre Bordeaux et Paris, de même. À l'actuelle, aussi, évidemment.

Nous sommes trois dans le compartiment, ce matin. Forcément, ils se sentent plus libres. Les langues s'entremêlent, les mains s'aventurent un peu partout. Sa main à lui glisse dans le pantalon de son amoureuse. Doucement. Ils s'embrassent. Rient. Se murmurent des choses à l'oreille. Rient encore. Il me regarde. Voit que je suis absorbé par leur amour et leur désir. Il lui parle. Cela les ralentit dans leur élan. Ils se mettent à lire *Le Monde* tous les deux. Ils échangent, prennent des notes. Rigolent, discutent. Refont le monde. Le trajet s'écoule. Il la regarde avec douceur. Je parierais que cela fait longtemps qu'il la courtise. Il a attendu. A espéré, désespéré, et finalement ils se sont rapprochés. Je parierais même que – peut-être – leur première nuit ensemble était celle qui a précédé ce voyage en train. Ils sont aimantés l'un à l'autre. Ils tentent de résister. En vain. Contraints par le désir de se toucher, de s'embrasser, de se manger la bouche.

Étudiants à Sciences Po, amoureux, en route vers la capitale. Le monde s'ouvre devant eux. Ils ont le sourire de celles et de ceux qui voient l'avenir radieux. Certainement que lors de leurs cours, dans les amphis, il leur a été signifié, comme c'est l'usage, qu'ils « sont l'élite de la nation », cela donne confiance. Et en plus, désormais, ils s'aiment. Alors qu'ils sont chacun en train de lire, leurs mains s'attardent sur les jambes de l'autre, font des ronds, des va-et-vient ; de temps à autre, elles s'approchent des endroits où ils brûlent d'envie de retourner. Comme la nuit dernière. Quand la main de l'un ou de l'autre est trop pressante, ils se regardent, sourient, arrêtent et s'embrassent fougueusement.

Au-delà d'une forme de voyeurisme qui s'impose à moi et qui me plaît, ce qui est puissant dans la vision de ce jeune couple est sa dimension universelle. Il est moi, elle est toi. Ils sont nous. Un photographe aurait pu d'une photo immortaliser cet amour naissant en « baiser du TGV ». Avec leurs « petites gueules bien sympathiques », ils se bécotent « en se foutant pas mal du regard oblique des passants honnêtes ». Ils ressemblent aux amoureux des bancs publics de Brassens. Nous nous reconnaissons tous et toutes dans ces deux jeunes. Cette façon de se dévorer les lèvres, cette façon de ne pas pouvoir ne pas se toucher sous peine de manquer de quelque chose, cette irrépressible envie de faire l'amour qu'ils ressentent l'un et l'autre… Ce matin-là, ils sont une représentation universelle de l'amour naissant. «Je prends chaque seconde d'elle comme un cadeau. Je m'aperçois qu'on peut être nostalgique du présent. Je vis parfois des moments si merveilleux que je me dis: "Tiens, je vais regretter ce moment plus tard: il faut que je n'oublie jamais cet instant"», écrit Frédéric Beigbeder dans *L'amour dure trois ans*.

Le train s'arrête à Saint-Pierre-des-Corps. Les sièges se remplissent. Un peu. Les amoureux, eux, continuent leur manège. Elle ose, même. Se hisse sur les genoux de son mec. L'embrasse à pleine bouche. Puissamment. Certains voyageurs regardent. Happés par l'incandescence, par la force du désir, par l'audace de s'embrasser avec autant de fougue dans un TGV qui – s'il n'est pas bondé – s'est tout de même rempli. « Si ça continue, ils vont faire un bébé ici», râle à très haute voix ma voisine, quarante-cinq ans environ, foulard Hermès, montée à Saint-Pierre-des-Corps… Je ne relève pas.

Un tout petit instant plus tard, la fille se lève. Elle est fine. Brune aux cheveux courts. Pantalon fuseau noir et top noir dentelé qui laisse deviner une poitrine fine mais charnelle. Elle s'approche de moi. Enfin, plutôt de ma voisine. Elle la regarde dans les yeux. Et lance : « Non, pas de bébé pour l'instant. En revanche, je vous conseille de faire l'amour de temps en temps, ça vous détendra. » Ma voisine est bouche bée. Ceux qui ont suivi l'histoire dans la voiture également. La jeune fille retourne à sa place. Embrasse son mec à pleine bouche en lui attrapant le menton et se rassoit.

Je ne sais pas si l'amour dure trois ans ou mille ans, mais en tout cas il donne de la force et du culot. À moins que ce ne soit la jeunesse, l'insouciance et la confiance en soi. Ou un peu de tout ça. Souvent je repense à ces amoureux. Non pas comme à un idéal. Mais plutôt comme à un feu qu'il faut sans cesse raviver. Feu de l'amour, mais aussi feu du culot, de la capacité de dire ce qui nous dérange. Il nous appartient, par fidélité à ces jeunes étudiants que nous avons tous été, de cultiver notre foi dans la vie et dans notre capacité à la rendre toujours plus belle.

Nous arrivons à Paris. Les tourtereaux sortent en même temps que moi. Toujours en se tenant la main et en s'embrassant. Je les regarde. Ils me regardent. Nous nous sourions. Je suis eux hier. Ils sont moi demain. Nous sommes, ici et maintenant.

## Fâchés !

*Transports amoureux*

### Paris-Grenoble, TGV, seconde classe, voiture 16, place 32

C'est un jour de départ en vacances. Vers le ski. Dans ce train, essentiellement des familles et, comme moi, quelques travailleurs perdus. L'excitation des enfants est palpable. Ils vont partir à la chasse aux étoiles, aux chamois ou aux flèches. Celle des parents l'est tout autant. Prendre le téléphérique, tâter la poudreuse, faire de la vitesse, manger de la fondue, de la tartiflette, autant de choses qui vont leur permettre de passer une semaine radieuse à la montagne. À trois cents à l'heure dans cette rame, le doux sentiment d'insouciance que les vacances charrient avec elles est palpable. Les voyageurs ont le sourire. Demain, à la même heure, ils seront sur les skis. Certains d'ailleurs sont presque déjà en tenue. Les bonnets sont posés sur la tablette, les anoraks colorés ont été tant bien que mal glissés dans les espaces réservés au-dessus des fauteuils, les chaussures de ski sont parfois tenues dans les mains avant d'être à leur tour déposées dans les espaces demeurés libres, et les pieds arborent parfois des Moon Boot. Autre détail du TGV des sports d'hiver, les skis qui tombent et qui dépassent des compartiments bagages. Dans cette ambiance feutrée et gentiment euphorique de ce TGV des 8 % de Français[1] privilégiés qui partent au ski chaque année, une famille détonne. La ferveur de la montagne ne les a pas encore gagnés. Ils sont quatre. Les enfants sont adolescents, treize et seize ans. Les parents frôlent la cinquantaine. Alors que l'un des garçons joue à la Switch, l'autre est en train de regarder une série sur son téléphone. Casque vissé sur les oreilles, ils picorent de temps à autre dans le paquet de chips sur la tablette du carré famille. La femme a le visage crispé. Elle s'agite pour sortir les sandwichs et mettre de l'ordre dans le pique-nique qu'elle a préparé. Elle se lève pour mieux disposer les sacs et les vêtements au-dessus

1. Voir Anne-Aël Durand.

de sa tête. Le mari est triste. Il regarde sa femme et ses enfants. Il est ailleurs. Au boulot ? Chez sa maîtresse ? Seul, dans un lieu où personne ne lui parlerait ?

Tout à l'heure, au début du voyage, il a tenté d'entrer en relation avec son plus jeune fils. Il lui posait des questions sur la semaine à venir, sur ce qu'il aimerait faire, etc. Le fils répondait par des onomatopées en restant rivé à son écran. Le père a finalement arrêté de poser des questions. Le fils a lancé : « C'est bon, papa, je peux mettre mon casque ? » Il n'a pas répondu.

Avec sa femme, la communication souffre aussi de quelques fritures sur la ligne. Elle : « Je ne comprends vraiment pas pourquoi tu as décidé de prendre ton ordinateur professionnel. Cela devait être la semaine de la déconnexion, et toi, tu nous ramènes encore ton travail. » Lui : « Je t'ai déjà expliqué qu'il fallait que je termine ce dossier. Et ce travail, comme tu dis, rapporte de quoi payer les vacances. » Elle pouffe. Réplique : « C'est bon, il n'y a pas que toi qui travailles, hein. Et en plus je m'occupe de la maison. Tu veux vraiment que l'on fasse ce genre de comparaison ? Tu vas perdre. » Il lève les yeux au ciel et ne répond pas. Ce silence qui aurait pu passer pour le début de la trêve des vacances n'est en fait qu'une accalmie avant la fulgurante tempête qui va exploser dans ce train paisible.

Alors que l'homme ne dit plus rien et lit son livre, *La Formule de Dieu*, la femme est agitée. Elle bouge en permanence, elle regarde ses enfants, pique quelques chips, regarde son mari. Dans ses yeux, la colère, le dépit et la tristesse se mêlent. Plusieurs fois, on a l'impression qu'elle va reprendre le fil de la conversation interrompue, elle se tourne vers lui, puis reprend une chips. Peut-être se dit-elle que cela ne rime pas à grand-chose de se disputer dans ce TGV. Peut-être veut-elle préserver les vacances de sa famille. Mais finalement, elle craque et embraye à nouveau. « Tu es quand même gonflé de te réfugier dans le silence et dans les livres. Ton travail a bon dos. Arrête un peu de m'expliquer que tes absences sont seulement dues à ton boulot. Même toi tu ne crois pas à ton alibi en carton. » Il la regarde, la jauge, semble se demander pourquoi cela arrive maintenant. Mais il ne peut pas éviter le clash, il est là. Sa réplique tombe : « Et toi, arrête avec ta paranoïa insupportable. Je n'ai pas de maîtresse, arrête de me faire chier ! » La voix est plus forte. Plus agacée. Celle de madame aussi : « C'est ça, c'est ça, prends-moi pour une conne. » Les deux enfants lèvent les yeux des écrans. Leur mère étouffe des sanglots. Légers. Le mari : « Et voilà, maintenant les larmes de crocodile. J'en ai vraiment marre ! »

Cette phrase est celle de trop. La femme explose. « Tu es vraiment un connard ! » Elle se lève en pleurant. Elle conclut, en lui balançant le sandwich qu'elle lui a préparé : « Tiens, voilà ton repas. Et je te préviens, c'est la dernière fois que je m'occupe de toi cette semaine, moi aussi j'ai droit à des vacances. » Elle sort de la voiture suivie par le plus grand de ses enfants.

Le mari secoue la tête. Souffle. Dis à son fiston de treize ans de ne pas s'inquiéter. Avant de replonger dans son livre, il regarde autour de lui. Ses yeux s'arrêtent sur une femme seule. Plutôt jolie. Ils se sourient. Plusieurs fois. De temps à autre, il lève la tête de son livre pour la regarder. À une époque, il aurait pu écrire un message personnel dans *Libération* : « Paris-Grenoble. Vous place 46, moi père dans le plâtre au bord du divorce. Nous nous sommes souri. Se revoir ? »

Le plus grand fils revient. Lance à son père : « Tu fais chier, quand même. Maman est vraiment mal. » Le père : « Oh, ça va, mêle toi de ce qui te regarde. » Le silence s'installe désormais. La tête de cet homme me plonge d'un coup dans le roman de John Fante, *Mon chien stupide*, dans lequel un homme de cinquante ans, romancier en panne d'inspiration, ne sait plus vraiment comment mener sa vie, ni même pourquoi il a choisi cette voie-là. « Pour écrire, il faut aimer, et pour aimer, il faut comprendre. Je n'écrirai plus tant que je n'aurai pas compris Jamie, Dominic, Denny et Tina ; quand je les comprendrai et les aimerai, j'aimerai l'humanité tout entière », raconte d'ailleurs le personnage de Fante en proie à une profonde déprime familiale.

À quelques minutes de l'arrivée, la femme revient et s'assoit sans rien dire. Nous arrivons. L'homme se lève, prend ses béquilles, avance doucement jusqu'à la sortie. Ni ses enfants, ni sa femme ne lui viennent en aide pour descendre les marches du train. Il prend le temps, mais y parvient. Seul.

Sur le quai, il marche avec son plâtre et ses béquilles derrière sa famille qui ne se retourne pas. Une navette pour la station les attend. L'euphorie des vacances et les sourires des autres personnes sur le quai tranchent avec la solitude de cet homme dans le plâtre. Même le bon air de la montagne n'y pourra rien.

## Livres ou écrans, choisis ton camp, camarade !

*Vie de train*

### PARIS-CAEN, TER

Ce jour-là, le contraste est flagrant. Alors que je monte – quelques instants seulement avant le départ – dans ma rame de TER bondée en direction de Caen, ce qui me frappe au-delà de l'affluence, c'est l'ambiance calme et feutrée. En ouvrant la porte qui sépare l'entre-wagons du compatiement proprement dit, je lève la tête. Devant moi, il ne reste plus que quelques places libres. Deux ou trois, maximum.

Les voyageurs et les voyageuses de ce jour-là se divisent en deux catégories. Une courte majorité est constituée par les gens qui ont décidé de plonger dans leurs écrans : ordinateurs, iPad, téléphones, peu importe. Quelques-uns travaillent, mais ils sont peu nombreux. On est samedi et, sur les écrans, ce sont des vidéos Youtube ou des séries Netflix qui prennent place. L'autre tribu est celle des lecteurs et des lectrices. Ils lisent un livre.

Ce jour-là, ce qui m'interpelle, ce sont les différences entre les tribus. Clairement, la tribu des écrans est plus jeune. Plus variée. Hommes et femmes y sont représentés en proportion similaire. Souvent, ils font plusieurs choses à la fois. Ils regardent leur série ou leur vidéo, mais ils font de temps à autre des sauts sur Twitter, Facebook, Insta et autres réseaux sociaux. Leur tenue vestimentaire est significative. Tous et toutes sans exception portent des sneakers. New Balance, Adidas, Veja, Nike, Converse et Puma sont représentés. Mettre des baskets décontractées pour dire son appartenance à cette catégorie du chic négligé. Tous les hommes de la tribu arborent la barbe. Plus ou moins longue selon que l'on veut ou non vraiment apparaître comme un hipster. Dans la tribu des écrans, un ovni : un homme en costume, rasé de près. Façon premier communiant.

Dans la tribu des amoureux de Gutenberg et de l'imprimé, l'uniformité est un peu moins de mise. Elle compte plusieurs sexagénaires fringants. Les fameux jeuniors ou quincados qui, arrivés à l'orée de la soixantaine, réinventent leur vie en adoptant les codes des jeunes, mais qui ont malgré tout gardé l'habitude d'avoir un livre avec eux. Ainsi cet homme dégarni, en baskets lui aussi, avec un jean et un T-shirt de rock sur le dos, qui, alors qu'un iPad, un iPhone et un ordinateur trônent sur sa tablette, lit *L'Immortalité*, de Milan Kundera. Dans cette tribu, pas mal de quadras en tous genres. Façon collet monté, chaussures vernies et boutons dorés au gilet, ou alors quadras en goguette. Bobos. Avec des enfants, un magazine bien-être et un livre qui vante les mérites du retour à la nature. Quelques étudiants un peu perdus, mais qui pourtant sont plongés les uns dans un bouquin de Damasio, *Les Furtifs*, les autres dans un classique de la littérature hexagonale.

Dans cette tribu des lecteurs, en fait ce sont à 80 % des lectrices. Pas étonnant quand on sait que les femmes représentent 70 % des acheteuses de livres. On y trouve aussi un atypique.

L'homme a envie de parler. Il discute avec un autre homme, routier. Il démarre par des moqueries faciles et surannées sur la SNCF, puis il embraye sur sa vie ratée « parce qu'il n'a pas travaillé à l'école » ; puis sur les Gilets jaunes qui se battent pour leur « survie » ; puis sur Macron « qui ne sait même pas parler anglais ». Il enchaîne sur sa naissance dans le 9-3, la vie en banlieue qu'il a quittée pour rejoindre son père en Normandie. Évidemment, il n'y retournerait pour rien au monde, car la Normandie est trop belle même s'il y pleut beaucoup ». Il peut y « faire du cheval ». Il s'arrête un instant. Regarde son téléphone, plonge dans son polar de Michael Connelly et finalement reprend le fil. On apprend ainsi qu'il est chasseur. « Oui, j'ai tous les défauts », lance-t-il en se marrant. Uniquement la vraie chasse: celle aux oiseaux. Pas l'autre, celle des « bâtards ». À un moment, apparaît le philosophe Michel Onfray à travers la vitre de l'autre wagon, qui s'approche et fait demi-tour. Scène surréaliste. Le routier: « Ah, mais c'était pas le philosophe, là ? Mais oui, il habite Caen ! » Il conclut à la cantonade, pour celles et ceux qui se sont montrés un peu agacés de ses différentes saillies: « Vous voyez, j'ai aussi des lettres ! »

Dans cette séparation entre deux mondes, là où les lecteurs ont des écrans devant eux sur lesquels ils font de temps à autre une pause, les amoureux des écrans, eux, n'ont pas de livres posés négligemment sur la tablette du train. Parfois, ils ont un journal. Rarement.

Alors que le voyage s'écoule tranquillement, une interrogation : l'imprimé survivra-t-il dans les années à venir ? Évidemment, si l'on en croit les statistiques, la France est plutôt préservée du *boom* du livre numérique. La façon dont les Français et les Françaises sont retournés en librairie après la période du confinement est un signal qui montre que nous sommes décidément une nation littéraire.

Alors que nous divaguons et théorisons, une conversation démarre juste devant nous. Une fille et son père. Il lance, sans trop y croire, la phrase typique du parent d'un ado dans les années 2010. « Céline, tu devrais décrocher un peu de ton écran. » La fille a quatorze ans, le père, quarante-cinq ans environ. Il lit *L'Équipe* et a un livre sur sa tablette. La fille, insolente et rigolote, réplique : « Tu sais, papa, l'industrie du jeu vidéo est une industrie d'avenir. En jouant, je me prépare aussi pour l'avenir. Et bon, tu ne lis pas Proust non plus, tu lis *L'Équipe* et un polar de gare, alors ne viens pas me faire une leçon sur ce qu'il faudrait lire ou pas. » Pan sur le bec, dirait *Le Canard enchaîné*. Le père prend cela avec humour et philosophie. « Au moins, tu as le sens de la repartie, on n'aura pas tout raté, ta mère et moi. » La fille enfonce le clou : « Je lirai quand je serai vieille comme toi. » Le père rit et lui dit qu'elle est bête. Il existe une complicité réelle entre les deux. Il s'approche de l'écran de sa fille. Il lui demande si elle avance dans sa quête. Elle lui explique le jeu et son avancée. Il écoute. Religieusement. Il conclut, philosophe : « Au fond, les jeux vidéo, comme les séries, sont aussi une mise en récit. Comme le sport dans *L'Équipe* ou la noirceur du monde dans ce que tu appelles mes polars de gare. Ta génération, pas plus que la mienne, n'a inventé quelque chose. Elle répète les mêmes histoires avec des outils différents. » La fille lève les yeux de son écran : « Tu vois, ce que j'aime chez toi, papa, c'est ton côté philosophe qui se rassure comme il peut sur l'état de santé mentale de sa fille. » Ils rigolent tous les deux de bon cœur. Et si, au fond, nous n'avions pas à choisir notre camp entre l'un et l'autre ? Et si nous savions aimer les deux choses avec mesure et discernement ? Alors nous serions devenus sages…

## Le train masqué

*Vie de train*

### 2020, Paris-Marseille, TGV, seconde classe, voiture 14, place 33

« Mesdames, messieurs, bienvenue à bord de ce train à destination de Marseille Saint-Charles [...]. Je vous rappelle qu'il s'agit d'être vigilants ensemble. Le virus circule toujours. Le port du masque est obligatoire durant tout le voyage. En cas de non-respect de cette consigne, vous encourez une amende de cent trente-cinq euros. »

Rien ne nous aura été épargné. Même dans ce lieu magique qu'est le train, la distanciation physique est donc de mise. Un siège sur deux, masque sur la bouche et le nez. *Exit* la bataille de l'accoudoir, l'intimité avec le voisin ou la voisine, le frôlement, le moment où l'on se dit que décidément il ne sait pas écrire le français dans les SMS qu'il/elle envoie… *Exit* le bar du TGV où le voyageur peut se réfugier pour fuir un wagon bruyant, une note qu'il n'arrive pas à terminer, où simplement pour passer le temps en buvant un café, un jus d'orange ou une bière.

Alors que je reprends le train, masqué, après le confinement, la conscience que rien ne sera plus jamais comme avant est féroce. Les uns sont sérieux. Ils ont mis leurs masques et ne restent pas plus d'une demi-heure sans passer leurs mains au gel hydroalcoolique. D'autres font les filous. Ils descendent leurs masques sur le menton à intervalles réguliers et boivent de l'eau. Beaucoup d'eau. Les toilettes du train Covid sont souvent occupées. Les derniers – rares – font mine de ne pas mettre le masque. Mais ils sont rappelés à l'ordre par les voyageurs et les contrôleurs. Depuis qu'un voyageur a été purement et simplement éjecté au Creusot, en Saône-et-Loire, alors qu'il circulait entre Paris et Nice, les résistants du masque ne sont pas nombreux. Alors que je suffoque un peu avec mon masque noir qui me ferait passer pour un braqueur de banque, je me rends compte que cette voiture est silencieuse.

Le masque obère nos possibilités de conversation, de discussion, de rencontre, même. Le masque, en cachant nos bouches, nous retire les mines entendues que l'on pouvait se lancer sans parler, entre voyageurs, quand l'un d'entre eux nous faisait rire ou que l'une d'entre elles nous agaçait un peu. Il nous prive du sourire complice de la rencontre naissante. Heureusement, il reste les yeux. Ils sont parfois fermés, parfois rieurs, joyeux, en attente d'un signal. Ces yeux peuvent soigner. Ce regard tantôt bienveillant, tantôt amical, tantôt amoureux, que l'on peut échanger est un appel, un baume, une première plongée dans l'humanité de celui ou de celle qui nous fait face. Le masque nous permet de mieux nous regarder. Une amie me dit qu'elle a aimé cette expérience quand elle a pris le train. Cette façon de mieux affûter sa vue pour tenter de connaître ces inconnus qui l'entouraient. Elle a aimé ne pas les entendre parler, pour imaginer. Mais tout de même, ce n'est pas tout à fait pareil. Le train, s'il est un lieu de méditation et de ressourcement personnel, est aussi un lieu de rencontre. Dans ce voyage, rien. Chacun chez soi, sur son fauteuil et avec son masque.

La tristesse commence à poindre chez moi. Je m'en ouvre à ma « voisine » de TGV post-Covid 19. « C'est quand même bizarre ce monde d'après, non ? » dis-je à haute voix puisque je suis masqué. Elle semble sourire. « Oui, c'est vrai que c'est glauque. » Comme nous parlons un peu plus fort qu'à l'accoutumée, nous nous attirons quelques remontrances. Nous redevenons silencieux. Le voyage s'écoule. Chacun dans sa bulle et dans ses gouttelettes.

Le Covid-19 nous aura donc aussi volé une partie de la magie du train. Celle de la conversation captée ici ou là qui nous fera rire ou réfléchir. Celle de la possibilité de la rencontre, celle du sourire complice de voyageur de train. Saleté de virus !

## Conclusion
## Les trains que l'on ne prendra pas

Alors que le train démarrait sous mes yeux et que je le ratais, une réflexion m'est venue. Tandis que j'étais occupé à raconter la France en train au travers de mes voyages, je n'avais jamais songé à raconter les trains ratés, les trains pas pris, les trains imaginés et finalement laissés de côté. Le train raté qui démarre devant moi sur le quai est un voyage raté. Un voyage où des choses étaient possibles. Elles n'adviendront pas. Frustration, énervement, agacement devant les aléas qui ont amené à ce ratage. L'autre pensée qui affleure à ce moment-là, c'est celle de l'envie inassouvie de se tromper de train. De monter dans une rame, de s'apercevoir que ce n'est pas la bonne destination, mais de choisir de se laisser porter. Filer vers l'inconnu pour y trouver l'inattendu. En prenant ce train que je sais ne pas être le bon, je change les plans, je modifie la routine, et je vogue vers autre chose. Des rencontres, des amours, des problèmes ou des joies. Tout est ouvert. Métaphore des chemins de vie. Métaphore de la tentation de Venise et sans aucun doute, de la magie inhérente au voyage en train. Voyage des possibles et des portes ouvertes vers l'autre. Prendre un autre train. Partir ailleurs. Se laisser porter par une envie, un amour, un besoin. Oublier tout le reste. Et puis, finalement non. Songer à ces chemins laissés de côté. À ces chemins empruntés avec fougue, puis quittés brutalement. À ces chemins interdits et intimes connus de nous seuls, que l'on aime tant ou que l'on a tant aimés. Qui restent comme des empreintes. Heureuses et malheureuses. Inachevées, mais d'une beauté incandescente. Rater le train, c'est ouvrir la porte à tout cela. Ce jour-là, pourtant, je n'ai pas pris cet autre train. J'avais raté le mien et j'étais sur le quai de la gare.

Ce fameux quai où l'on se souvient d'avoir embrassé une fille, une fois, pour dire au revoir. Aujourd'hui, cela n'est plus possible. Mesures de sécurité oblige, les accompagnants ne peuvent plus venir sur le quai en courant ou en prolongeant le moment avec leur amoureux ou leur amoureuse jusque devant l'entrée de la voiture.

Dans le train que l'on ne prend pas, il y a une métaphore de la vie. Fallait-il monter dans ce train ? Répondre à cette proposition ? Une célèbre blague juive joue sur cette métaphore. C'est l'histoire de Moshé qui est en train de se noyer. Il est très croyant. Il prie Dieu de lui venir en aide. Un premier bateau passe, lui tend une bouée. Moshé répond qu'il prie Dieu et que ce dernier lui viendra en aide. Il continue de prier, passe un autre bateau, qui propose une bouée. Moshé fait la même réponse. Finalement, il se noie. Au ciel, il discute avec Dieu. « Tu aurais pu réagir quand même, je t'ai appelé », déplore Moshé. Et Dieu de répliquer : « Dis donc, t'es gonflé, je t'ai envoyé deux bateaux ! »

Quel train faut-il prendre ? Dans quelle barque faut-il monter ? Au travers de mes voyages, une certitude : chacun et chacune de nous sommes conscients de cette absurdité de la vie, et nous essayons tant bien que mal de la vivre dans la joie. Dans le train, nos caractères et nos défauts s'affirment un peu plus. En observant mes frères et sœurs en humanité dans les trains que j'ai pris, j'ai ressenti une immense gratitude en me rendant compte que tous et toutes, à des degrés divers, faisons face aux mêmes doutes, aux mêmes questionnements, aux mêmes joies.

En entrant en « relation » grâce à l'observation et à la discussion avec ces frères et sœurs humains croisés tout au long de ces voyages en train, j'ai mieux accepté les trains ratés, les trains pas pris. Car eux, vous, moi, faisons comme nous pouvons. Nous faisons au mieux.

Alors que je travaillais sur ce livre, je me suis interrogé sur le pourquoi du comment de ma passion pour le train. Le prix Nobel de littérature Bob Dylan m'a apporté une première réponse. « Je contiens des multitudes. Je suis un homme de contradictions, je suis un homme aux multiples humeurs. » Je suis un homme de contradictions. Je contiens des multitudes. Dans sa nouvelle chanson sortie en 2020, Dylan disait en creux la beauté du train, lieu par excellence de nos multiples facettes d'humains. Une phrase lue en exergue du *Dictionnaire amoureux des trains*, de Jean des Cars, s'est aussi rappelée à moi : « "Il y a moins de bénéfices à espérer d'un billet de loterie que d'un billet de chemin de fer", écrivait l'académicien Paul Morand. » Alphonse

Allais lui emboîtait le pas: « La trépidation excitante des trains nous glisse des désirs dans la moelle des reins. » Un détour par Émile Zola a suivi. Dans *La Bête humaine,* Zola imagine et raconte une relation charnelle entre Lantier, célèbre cheminot incarné à l'écran par Jean Gabin dans le film éponyme de Jean Renoir, et la Lison, sa locomotive de la ligne Paris-Le Havre. Une autre chose qui m'est venue à l'esprit, c'est l'incompréhension et la tristesse puissantes, immenses et jamais taries que je ressens à chaque évocation des trains de la mort qui ont permis aux nazis l'industrialisation du génocide des Juifs durant la Seconde Guerre mondiale. Non, le train, mon train, ce si joli mot, ne pouvait pas être cela… Et pourtant, si.

Par ailleurs, certainement que les descriptions superbes faites par Joseph Kessel dans *Wagon-lit*, où le train est une sorte d'oasis roulante, ne sont pas pour rien non plus dans cette passion.

> Il m'est impossible de te faire partager le sentiment qui se répandit en moi lorsque je fis claquer la porte de ma cabine à l'instant même où le train se mit en route. Par chance, j'étais seul. Je pouvais sans

> contrainte, sans avoir besoin de surveiller mon visage ou mon attitude me laisser aller à l'angoisse heureuse de ce départ. Toujours la vue d'un convoi prêt à glisser sur les rails polis qui ceignent et ceinturent la terre m'a fait battre le cœur.

Difficile de mieux dire ce sentiment de liberté que le train procure. Difficile de mieux dire cette rêverie possible. Pour les gens de ma génération, la capacité à parcourir le monde est synonyme d'avions *low-cost*. Évidemment, cette émergence du tourisme de masse a permis une ouverture d'esprit, une découverte d'autres cultures et de différences qui – inévitablement – nous enrichissent et nous grandissent. Sans cela, nous ne les aurions jamais rencontrées, ni même croisées. Concomitamment, le train est devenu un peu *has-been*. S'il va vite, très vite, c'est acceptable. Sinon, c'est tout de même moyen. En Chine et dans certains TGV, on affiche même la vitesse à laquelle roule le train. Comme pour nous signifier que nous sommes des conquérants, que nous allons vite, de plus en plus vite. Ainsi, nous allons conquérir le monde.

Cela m'a toujours semblé dérisoire. Cette course au TGV est à la fois une très bonne chose puisqu'elle permettra demain – maintenant que l'on a pris conscience que l'on pouvait vivre autrement – de réduire les lignes d'avion intérieures, et donc notre bilan carbone, mais c'est aussi un piège. Un piège qui nous porte à croire que seulement ce qui va vite est moderne. Et si, au contraire, les injustement moquées « petites lignes » avaient des choses à nous apprendre ?

L'urbaniste et philosophe Paul Virilio, à la fin des années 1990, nous avait mis en garde contre le tout-vitesse. Virilio ne rejetait pas la société moderne et sa rapidité, il la questionnait et l'interrogeait. Ainsi, il démontrait que non contente d'occuper une place prépondérante dans le réel, la vitesse finirait par constituer le réel lui-même. Il ajoutait que l'immédiateté nous jouerait des tours et qu'il nous faudrait certainement retrouver des îlots de liberté dans tout cela. Nous y sommes.

Pour ma part, je crois justement que le retour en force du train sera l'un de nos îlots de liberté. Alors que nous mettons la dernière main à ce livre, le gouvernement ne cesse de vanter les mérites du train de nuit. De même, une polémique se fait jour quand une ministre utilise un hélicoptère alors qu'elle aurait pu emprunter le train. Ne nous y trompons pas, cela ne signifie pas que le changement, c'est maintenant. Toutefois, cela démontre une chose : le train est en passe de gagner une nouvelle bataille culturelle. Il avait été au XIXe siècle le symbole de l'industrialisation et de la circulation des personnes et des marchandises, puis dans les années 1970, avec le TGV, il fut le symbole d'un monde que nous souhaitions plus rapide. Il sera dans les prochaines années, à n'en pas douter, le symbole d'un monde où l'on trouve un compromis entre notre besoin de vitesse et notre besoin de pause. Entre notre envie d'aller toujours plus loin et celle de flâner. Entre notre volonté de découvrir le village mondial et notre joie de visiter le mignon petit village d'à-côté. Au fond, le seul train qu'il convient de ne pas prendre aujourd'hui est celui du tout faire comme avant. Celui-ci, il convient de le laisser passer et de se dire que sur le quai de la gare, la réflexion qui naîtra de l'attente du suivant sera puissante, bénéfique et joyeuse.

« Tchou, Tchou », le train de demain arrive, il est là. Prenons-le.

*Entre Paris et la Bourgogne,*
*juillet 2020.*

## Remerciements

Un immense merci à Jérémie Peltier, mon éditeur, pour avoir cru au projet, pour son enthousiasme et pour sa merveilleuse capacité à rendre les choses possibles.

Merci à Frédéric Potier pour la rencontre avec Jérémie, pour sa relecture bienveillante et pour tout ce qui nous unit.

Merci à Clémentine, Laura, Manon, Sophie, Jean, et toute la joyeuse et dynamique équipe des éditions de l'Aube.

Merci à Sarah Benayoun, rédactrice en chef d'Union Presse, sans qui je n'aurais jamais pris autant le train.

Merci à Claude B. qui m'a incité fortement à aller au bout de ce projet, à le proposer et à suivre ma voie.

Merci à Ingrid Desjours qui n'a cessé de me répéter que ces chroniques avaient « vraiment quelque chose ». Cela donne de la confiance.

Merci à Claire, Joanna, Cédric, Mathieu et Franck, qui m'ont envoyé leurs anecdotes de train.

Merci, enfin, à Sandrine, sans qui rien de tout cela n'aurait jamais été possible. Merci pour la patience, merci pour les encouragements et merci pour tout.

## Références citées[1]

### Livres

BEIGBEDER, Frédéric. *L'amour dure trois ans*. Paris : Grasset, 1997.

BESTER, Eva. *Une époque mélancolique*. Dialogue avec Jérémie Peltier. La Tour-d'Aigues : l'Aube, 2019.

BLONDEL, Philippe. *06 h 41*. Paris : Buchet-Chastel, 2013.

BRILLAT-SAVARIN, Jean Anthelme. *La Physiologie du goût*. 1825.

BUTOR, Michel. *La modification*. Paris : Minuit, 1957.

CAMUS, Albert. *Le mythe de Sisyphe*. Paris : Gallimard, 1942.

—. *Carnets*. T. I, mars 1935-février 1942. Paris : Gallimard, Folio, 2013 [1962].

CARRÈRE, Emmanuel. « L'usage du "Monde" ». *Le Monde*, 20 juillet 2002.

CARS, Jean des. *Dictionnaire amoureux des trains*. Paris : Plon, 2006.

1. Tous les liens ont été vérifiés le 1er septembre 2020.

Christie, Agatha. *Le crime de l'Orient-Express*. Paris : Le Masque, 1934.

Clinkemaillié, Tifenn. « Cinq questions sur le plan de relance du fret ferroviaire ». *Les Échos*, 29 juillet 2020. [En ligne]. <https://www.lesechos.fr/industrie-services/tourisme-transport/cinq-questions-sur-plan-de-relance-du-fret-ferroviaire-1227120>.

Debs, Maxime. « Et si c'était enfin le retour des trains de nuit ? ». *France Inter*, 10 août 2019. [En ligne]. <https://www.franceinter.fr/et-si-c-etait-enfin-le-retour-des-trains-de-nuit>.

Durand, Anne-Aël. « Sports d'hiver, sport de riches ? Moins d'un Français sur dix part en vacances au ski ». *Le Monde*, 8 mai 2018. [En ligne]. <https://www.lemonde.fr/les-decodeurs/article/2018/02/23/sports-d-hiver-sports-de-riches-moins-d-un-francais-sur-dix-part-en-vacances-au-ski_5261604_4355770.html>.

Fante, John. *Mon chien stupide*. Paris : Christian Bourgois, 1989.

Hegel, Georg Wilhelm Friedrich. *Notes et fragments : Iéna 1803-1806*. Trad. Pierre-Jean Labarrière. Paris : Aubier, 1991.

Kessel, Joseph. *Wagon-lit*. Paris : Gallimard, 1932.

Mongaillard, Vincent. « Les ventes s'effondrent : le costume au placard ! ». *Le Parisien*, 11 novembre 2019. [En ligne]. <https://www.leparisien.fr/societe/les-ventes-s-effondrent-le-costume-au-placard-11-11-2019-8190630.php>.

Proust, Marcel. *À la recherche du temps perdu*. T. I : *Du côté de chez Swann*. Paris : Grasset, 1913. Rééd. Paris, Gallimard.

Reinhardt, Éric. *Le système Victoria*. Paris : Stock, 2011.

Rowling, J. K. *Harry Potter*, 7 vol. Paris : Gallimard, 1997-2007.

Virilio, Paul. *Cybermonde, la politique du pire*. Entretiens avec Philippe Petit. Paris : Textuel, 1996.

Zola, Émile. *La bête humaine*. 1890.

## Films

Cameron, James. *Titanic*. Film, 188 min. 1997.

Chéreau, Patrice. *Ceux qui m'aiment prendront le train*. Film, 130 min. 1998.

Esposito, Marc. *Le cœur des hommes*. Film, 100 min. 2003.

Klapisch, Cédric. *Les poupées russes*. Film, 125 min. 2005.

Oury, Gérard. *La grande vadrouille*. Film, 2 h 12 min 1966.

Renoir, Jean. *La bête humaine*. Film d'après l'œuvre d'Émile Zola, 100 min. 1938.

Van Sant, Gus. *Will Huntig*. Film, 126 min. 1997.

Weiner, Matthew. *Mad Men*. Série télévisée, 92 épisodes de 47 minutes 2007-2015.

Zemeckis, Robert. *Retour vers le futur*, 3. Film, 1 h 59 min 1990.

## Musiques

« I contain multitudes », Bob Dylan, Album *Rough and Rowdy Ways*, Columbia, 2020.

« Le blues du businessman ». Paroles de Luc PLAMONDON, musique de Michel BERGER. Album *Starmania*, 1978.

*Les amoureux des bancs publics*, Georges BRASSENS, 1953.

## Les références des voyageurs

### Livres

CONNELLY, Michael.

DAMASIO, Alain. *Les furtifs*. Clamart : La Volte, 2019.

EMMANUELLE, Camille. *Sexpowerment : comment le sexe libère la femme (et l'homme)*. Paris : Anne Carrière, 2016 ; rééd. Le Livre de poche, 2017.

DOS SANTOS, José Rodrigues. *La formule de Dieu*. Bordeaux : HC, 2012 [2006].

GIACOMETTI, Éric, RAVENNE, Jacques. *La nuit du mal*. Paris : Jean-Claude Lattès. 2019.

GROZDANOVITCH, Denis. *L'Art difficile de ne presque rien faire*. Paris : Gallimard, Folio, 2010 [2009].

KIYOSAKI, Robert T. *Père riche, père pauvre ; ce que les parents riches enseignent à leurs enfants*. Québec : Un monde différent, 1997.

KUNDERA, Milan. *L'immortalité*. Paris : Gallimard, 1990 [1988].

MULISCH, Harry. *La découverte du ciel*. Paris : Gallimard, 1999 [1992].

NICOLLE, Lola. *Après la fête*. Paris : Les Escales, 2019.

Spitzer, Sébastien. *Ces rêves qu'on piétine*. Paris : L'Observatoire, 2018.
Styron, William. *Le choix de Sophie*. Paris : Gallimard, Folio, 1995 [1979].
Sutter, Laurent de. *Indignation totale*. Paris : L'Observatoire, 2019.
Warner, Trevor. *Comprendre son chat*. Paris : Larousse pratique, 2019.

## Périodiques

*Closer*.
*Elle*.
*Le 1*.
*Le Canard enchaîné*.
*Le Figaro*.
*Le Journal du dimanche*.
*Le Monde*.
*L'Équipe*.
*Les Échos*.
*Libération*.
*Marie Claire*.
*Midi olympique*.
*Notre Temps*.
*Simple Things*.
*Voici*.
*Wired*.

## Films

Sheperd, John Scott. *Toi, moi et elle*. Série télévisée. 22 mars 2016-7 juin 2020. Sur Netflix en 2017.

## Musiques

*Despacito*. Luis Fonsi, Erika Ender, Daddy Yankee. Single. Universal, 2017.

Jarrett, Keith. *The Köln Concert*. ECM, 1975.

## Table des matières

Pour limiter l'empreinte environnementale
de leurs livres, les éditions de l'Aube
font le choix de papiers issus de forêts
durablement gérées et de sources contrôlées.

Achevé d'imprimer en décembre 2020
sur les presses de l'imprimerie Firmin Didot
pour le compte des éditions de l'Aube
331, rue Amédée-Giniès, F-84240 La Tour d'Aigues

Numéro d'édition : 4139
Dépôt légal : janvier 2021
Numéro d'impression : 161371

*Imprimé en France*